한국어 편지 쓰는 법 사전

韓国語手紙の書き方事典

Yonguon Kim

金 容権

三修社

もくじ

葉書と手紙を書くときの基本的な要領

手紙について

- ●ことば(会話)と文章の違い―まえがきに代えて ... 6
- ●葉書は簡単な用件を伝えるときに使う ... 9
- ●手紙の要領 ... 10

手紙を書くときの基本的要領 ... 12

- ●相手の呼称 ... 13
- ●時候のあいさつ・ことば ... 15
- ●相手の安否を気遣うことば ... 19
- ●自分の近況・消息を伝えることば ... 20
- ●本文の書き出し ... 20
- ●結びのことば ... 21
- ●署名 ... 22
- ●宛先、宛名の書き方 ... 23
- ●ファックスとメールについて ... 26

葉書と手紙の書き方の用例

葉書の実例 ... 28

- ●病気が治ったことを友だちに知らせる ... 28
- ●引っ越したことを友だちに知らせる ... 28
- ●年賀状1、2 ... 30
- ●年賀状(友人に) ... 30
- ●年賀状(先生に、目上の人に)1、2 ... 32

- ●季節のあいさつ(春、友人に) 34
- ●季節のあいさつ(夏、友人に) 34
- ●季節のあいさつ(秋、友人に) 36
- ●季節のあいさつ(冬、友人に) 36
- ●事務所を設けたことを知人、友人、関係会社に知らせる 38
- ●季節の葉書(秋、ボーイフレンドに) 40
- ●季節の葉書(夏、恋人、友人に) 42
- ●季節の葉書(春、先輩に) 44
- ●季節の葉書(冬、知人に) 46

簡単な手紙の実例 48

- ●兄を友だちに紹介 48
- ●ことわり(了解)の手紙 50
- ●誘いの手紙(登山の誘い) 52
- ●訪問の知らせ(先輩へ) 54
- ●先輩に恩師(先生)の住所を聞く 56
- ●外国にいる友人に訪問予定を知らせる 58
- ●試験の合格を先生に知らせる 60
- ●全快したことを友人、知人に知らせる 62
- ●父が亡くなったことを知らせる 64
- ●お世話になった先輩に卒業したことを伝える 66
- ●男子の誕生を知らせる 68
- ●引っ越しの通知 70
- ●友人に借りた金を送金したことを知らせる 72

- ●結婚祝いの礼状　　　　　　　　　　　　74
- ●新婚夫婦を招待する親戚からの手紙　　　76
- ●招待を受けた新婚夫婦が親戚に送る礼状　78
- ●友だちの結婚を祝う　　　　　　　　　　80
- ●新郎が先輩に送る礼状　　　　　　　　　82
- ●新婦が友だちに送る礼状　　　　　　　　84
- ●父が息子の仲人をしてくれた友人に送る礼状　86
- ●友人の息子の結婚を祝う　　　　　　　　88
- ●友人の令嬢の結婚を祝う手紙　　　　　　90
- ●兄の結婚を祝う妹(から)の手紙　　　　　92
- ●妹の結婚を祝う兄(から)の手紙　　　　　94
- ●還暦の宴に出席できなかったお詫び　　　96
- ●酒席での無礼のお詫び　　　　　　　　　98
- ●謝礼を断わる　　　　　　　　　　　　100
- ●旅行の誘いを事情で行けないことを知らせる　102
- ●事情により紹介が出来ないという返事　　104
- ●誂えた洋服を催促する手紙　　　　　　　106
- ●男性からの誘いに答える女性の返事　　　108
- ●女性が男性に対して会いたいという手紙　110
- ●妹が母の病気を遠方にいる兄に知らせる　112
- ●入院している友へ　　　　　　　　　　114
- ●揺れ動く女心の手紙　　　　　　　　　116
- ●ボーイフレンドからガールフレンドへ　　118
- ●男性から女性へのラブレター　　　　　120

簡単なビジネス文

- 就職のあいさつ　126
- 転任のあいさつ　128
- 退職のあいさつ　130
- 支店開設のあいさつ　132
- 新会社設立のお知らせ　132
- 照会　134
- 照会の返事　134
- 取り引き　136
- 事務所(会社)移転のあいさつ　136
- 販売状況の問合せ　138
- 販売状況の問合せに対する返事　140
- LC開設を知らせる　142
- 注文品の督促(催促)　142
- 注文品の督促に対する返事　144
- 代金の請求　144
- 値引き交渉　146

よく使うメールの顔文字　148

ビジネスメールとファックスの実例　149

手紙でよく使う単語と例文(五十音順)　157

手紙に使える先人たちの名言(国別)　307

- 手紙の力―あとがきに代えて　339

葉書と手紙を
書くときの基本的な要領

手紙について

ことば(会話)と文章の違い ― まえがきに代えて

　ここで言う「ことば」とはしゃべりことば、つまり口で話す会話を意味します。ことばも文章も個人や団体、法人などの意志(意思)、もしくは主張を表現します。独白や日記のような場合は、自分自身のために書くものですが、一般的には第三者に伝える目的で話したり、書いたりします。そのために、ことばも文章も理路整然としていることが望ましいと言えましょう。自分の意見を何はともあれ、わかってもらうことが一番なので、整理して、相手に理解しやすくしゃべったり、書くことが必要だと言えます。

　ところが、そうは言っても自分の考えでありながらも、整理するということは、けっしてたやすいことではありません。しかもしゃべりことばとなると、人間はふつう言いたいこと、主張したいことをいきおい先に言いがちになります。口で話すことは、文章とは違って、言い間違えたりしても、とくに取り消して書き直すこともないので、話がこっちへ飛んだり、あっちへ飛んだりすることもよくあります。それで、「ちょっと、話が横道にそれたので、話をもとに戻すと……」などと言ったような断り方が会話ではよくなされます。それは何よりも、第三者、つまり相手が

目の前にいるからできるのです。

　文章となると、相手が目の前にいないので論理的で筋道が立っていなければなりません。また、文章は残るものだけに、時間が経過したのちでも十分に意味が通じていなければなりません。

　今こころみに、電話している情景を文字にそのまま書き起こしてみましょう。

　―あの……明日の昼、どこで会う。
　―どこって、決まってるでしょ。有楽町のいつものとこよ。
　―いつものとこって?
　―あんた、ボケてんの?
　―ボケてなんか、ないわよ。
　―いつものとこだけじゃ、わかんないわよ?
　―有楽町なら、喫茶店もあるし、昼食べる店もあるし、それから……
　―昼だから、いつもの昼めし屋よ。
　―あそこ、いつも混んでるからいやよ。違うとこにしない。
　―美味しいから混むのよ。じゃ、少し時間ずらさない。
　―ずらすって何時よ。
　―そうね、1時10分なら、もう大丈夫でしょうよ。
　―1時10分にキッカリ行くからね。
　―わかったわ。1時10分キッカリね。
　―遅れないでね。いつものところよ。

以上の電話の話を整理して文章にすれば、かなり様変りしてしまうことは言うまでもありません。電話の場合も、あらかじめ要点を押えておいたり、ちょっとしたメモでもして受話器を取れば、話がダラダラとなることもありません。つまり、そうした事前の作業をすると、文章に近づくというわけです。

　文章にもいろいろな種類があります。日常生活で無意識に目に触れるものでも新聞、雑誌、単行本があるし、そのなかでも、報道、随筆(エッセイ)、紀行文、評論、公文書、小説など、思いつくままにあげても沢山あります。しかし、こうしたものはひと言でいうと、公にされたものです。公にされているということは、それを書いた人(つまり、著者・作者・筆者・書き手)は予め、一般の不特定多数の人に読まれることを想定して書きます。ですから、書き手は自分の意志がよく伝わるように、整理して文章を書きます。

　ともあれ、これからお話しようとする「葉書・手紙」は、不特定多数の人たち(すなわち読み手)が読む文章ではありません。手紙や葉書は、特定の人が読むことを前提にして書かれるものです。せいぜい読む人は、受け取る人以外は、多くても家族か、ごく親しい友人に限られます。なお、葉書は手紙に比べ、簡単な用件とか、案内、お知らせの場合に用いられますが、また、手紙のように封書ではなく、まったくオープンなので、宛先の人が誰が読んでも差し支えないことが前提となっています。この点、ファックスとよく似ています。

葉書は簡単な用件を伝えるときに使う

1. 葉書を書くときの特別な書式はありません。ただ一度読んだだけで、すぐわかるように簡単・明瞭に書くことが肝心です。ですから、小さい文字でびっしりと書くのはできるだけ避けましょう。
2. 上で述べたことと関連して、書く空間が限られているので、前おきや長ったらしいあいさつはできるだけ、避けるようにしましょう。
3. 表書の敬称は、個人宛の場合は「貴下」、団体や会社の場合は「貴中」と書くのが一般的です。これは日本とよく似ています。冠省とか前略という言い方もされています。

貴下 → 귀하 [クィハ]
貴中 → 귀중 [クィジュン]
様　 → 님 [ニム]、님앞 [ニム アプ]
先生 → 선생님 [ソンセンニム]
前略 → 전략 [チョルリャク]
冠省 → 관생 [クァンセン]

　貴下、貴中は、日本の「御中」とほぼ同じ意味です。また、「様」に相当するのは「님」(ニム)で、漢字で「任」と書くこともあります。この「님」につづいて「앞」(アプ)を書くこともあり、これは前を意味し、「님앞」(ニム アプ)は日本語に直訳すると「様前」となります。

手紙の要領

　手紙も葉書と同じく、特定の人にメッセージを伝えるものですが、葉書と違って、封書である点と、葉書に比べて紙幅に余裕があります。まず相手には、気持、心というものを伝えるように心がけましょう。同じメッセージでも、電話やファックス、メールは味けないものです。手紙のよさというか、特徴は、この一刻を争うスピード時代の社会にあっても、なおかつ根強い親しみと心なごむものをもっている点です。どうして手紙にはそうしたものがあるのか、いまここで説明することはやめますが、私たちが漢文で教わった杜甫の詩の『春望』は、「国破れて、山河在り」から始まり、さらに「家書万金にあたる」という件（くだり）があります。

　「家書」とは家人もしくは家族の者からの手紙を意味します。戦乱の時期でなくとも、現在のように都市化している中で生活している者にとっても、家族や親しい友人からの手紙は、万金ではなくても、金品に代えがたい潤いと心なごむものをもたらします。

　先年亡くなられた作家の北杜夫は、旧制松本高校以来の友人である辻邦夫との対談で、「親友の手紙ほど救いになるものはない」と語っています。

　このように、手紙は都市化したなかで社会生活を送っている者にとっては、いわば砂漠の中のオアシスのようなも

ので、すさんだ日常生活のなかにあって、心暖るものを与えてくれるはずです。手紙にはそんな力があります。手書きの手紙からは、相手からの息遣いが伝わってくると言われます。さらにそれが、韓国と日本という隣国間での手紙のやりとりであれば、なおさらのことでしょう。

　葉書 → 엽서 [ヨプソ]
　手紙 → 편지 [ピョンジ]

　ハングルの「편지」は漢字で書くと、「便紙」となります。郵便の「便」とペーパーの「紙」からできた熟語です。便紙は便所の紙、つまりトイレットペーパーではけっしてありません。便箋の紙と言うべきでしょう。なお、トイレットペーパーやちりがみ、ティッシュの類は「휴지」[ヒュジ]と言います。휴지は漢字で「休紙」と書きます。

　言いたいこと、伝えたいことは言うまでもなく、順序立てて、要領よく書くことが大切ですが、人間のやることですから間違いはつきものです。そのときは日本と同じく追伸と書いて、続けて下さい。なお、手書きの場合は、判読しにくい乱雑な文字は避け、丁寧な楷書で書くことを心がけましょう。

　追伸 → 추신 [チュシン]

手紙を書くときの基本的要領

　先に手紙は特定の人に向けて出される文章と言いました。特定の人といっても、目上の人もおり、目下の人もいます。また男女の違いもあります。さらに、それまでの関係もきわめて大切です。つまり世話になった人か、逆に世話をしたか、などの関係です。こうしたことを手紙を書く上での「格式」と言ってもよいでしょう。格式には当然、心と礼儀が伴わなければなりません。具体的には以下の形式をととのえることが必要でしょう。

　□受けとる相手の名(宛名)
　□時候のあいさつ
　□相手の近況や体調をたずねる
　□相手の配偶者、家族の安否
　□送る本人の近況など

　以上のことを一応記して、実際の用件に書き進むとよいでしょう。ハングルの手紙は日本語よりもこうした形式が少し必要です。それは簡単にひと言で言うと、儒教的な生活倫理が歴史的に日本よりも深く浸透した結果だと言えましょう。しかし、気持が通じればいいので、それほど神経を使うこともありません。

　本文で用件が終わったあとは、最後にあいさつをして終えます。そして日付と姓名を書けばそれでこと足ります。

相手の呼称

　かつては、昔ながらの漢字式の用語が使われておりました。それは日本では今もなお使われているので、隣国との漢字文化圏という縁を感じさせてくれます。例えば以下のようなものがあります。

　拝啓 [배계　ペゲ]
　謹啓 [근계　クンゲ]
　父主前上書 [부주전 상서　プジュジョン サンソ]
　祖父主前上白是 [조부주전상백시　チョブ ジュジョン サン ペクシ]

　なお、目上の人にでもごく親しく、また急いでいるとき、葉書で簡潔に書くときは日本と同じように、前略 [전략　チョルリャク] や冠省 [관생　クァンセン] を使うこともあります。

父に対して

　아버님께 올립니다 (お父様に差し上げます)
　ア ボニム ケ　オルリム ニ ダ

母に対して

　어머님 보시옵소서 (お母様に差し上げます)
　オ モニム　ポ シオブソソ

　어머님께 올림 (お母様に差し上げます)
　オ モニム ケ　オルリム

先生や尊敬している方に対して

　삼가 글월을 ○○○선생님께 드립니다 (慎んでお手紙を○○○先生に差し上げます)
　サム ガ　クルウォルル　　　ソンセンニム ケ　トゥリム ニ ダ

目上の人に対しては一般的に

○○○선생님께 올립니다 (○○○先生に差し上げます)
_{ソンセンニム ケ オルリムニダ}

○○○선생님께 사뢰나이다 (○○○先生に申し上げます、啓上します)
_{ソンセンニム ケ サロェナイダ}

なお、ハングル表記の姓名は、박재순 [パク チェスン] あるいは박 재순と、姓と名前を一字離しても、離さなくて書いてもかまいません。原則的には姓と名前は離しますが、実際に使われているのをみると、離して書かない方が一般的であるようです。

友人や恋人に対する呼称

아름다운 영숙씨에게 (美しい英淑さんに)
アル ダ ウン ヨンスク シ エ ゲ

사랑하는 인 철 씨에게 (愛する仁哲氏に)
サ ラン ハ ヌン インチョル シ エ ゲ

친애하는 고모님께 (親愛なる叔母様に)
チ ネ ハ ヌン コ モニム ケ

잊지 못할 혜자에게 (忘れられない恵子へ)
イッチ モッタル ヘ ジャ エ ゲ

영원한 나의 별 김미숙씨에게 (永遠の私の星、金美淑さんへ)
ヨンウォナン ナ エ ピョル キム ミ スク シ エ ゲ

영원한 내 벗 한일수에게 (永遠の我が友、韓一洙へ)
ヨンウォナン ネ ポッ ハ ニル ス エ ゲ

씨は漢字に置き換えると日本語の音と同じ氏です。씨(氏)は日本語の「〜さん」に相当し、男女に対して用いられています。同等か、やや目下の者に使われています。近年、씨(氏)は感じのよい呼称としてよく使われています。

また、目上の方へは先生［선생 ソンセン］、あるいは先生任［선생님 ソンセンニム］が使われますが、それもまた「〜さん」の意味です。かつて韓国には日本語の［〜さん］にあたるぴったりした用語がありませんでした。

戦後、韓国では「〜さん」に当たる言い方としてアメリカ式の「ミス」や「ミスター」が使われ出しましたが、いまでは一時のように、はやっていません。とくに男に使われる「ミスター」にはそう言えます。

目下の者に対する呼称

○○○보아라（○○○見なさい）
　　ボアラ

○○○에게（○○○に）
　　エゲ

○○○보시게（○○○見なされ）
　　ボシゲ

○○○군에게（○○○君に）
　　グネゲ

○○○양에게（○○○嬢に）
　　ヤンエゲ

양(嬢)は年下の若い未婚の女性に対して使われます。
ヤン

군(君)は年下の若い男性に対して使われます。
グン

時候のあいさつ・ことば

日本語には季語というものがあります。俳句や和歌は季節をうたうことが大きな意味をもっています。これは四季に恵まれた環境があってのことでしょう。韓国語にも日本語ほどではないにしても、やはり四季を愛でる豊かさがあ

ります。手紙ではふつう、前述したように相手の呼称を記したあと、あいさつ文の中に季節的な感覚を入れます。

春 [봄　ポム]

겨울도 가고 양춘 가절이 다가오는 이 때
キョウルド　カゴ　ヤンチュンカジョリ　タガオヌンイッテ
(冬も去り陽春の佳節が近づいてくるこの頃)

기다리던 새 봄에 (待ちわびた新しい春に)
キダリドン　セ ボメ

만물이 움트는 화창한 봄날에 (万物が芽ばえる和暢かな
マンムリ　ウムトゥヌン ファチャンハン ポムナレ
春の日に)

봄이라고는 하나 늦추위가 아직 맵습니다 (春だとはいえ
ポミラゴヌン　ハナ　ヌッチュウィガ　アジク メプスムニダ
時節遅れの寒さがまだ厳しいです)

벌써 울타리에 개나리가 만발한 봄입니다 (すでに垣根に
ポルソ　ウルタリエ　ケナリガ　マンバラン ポミムニダ
ケナリ [レンギョウ] が咲きほこる春です)

산에 들에 꽃놀이가 한창입니다 (山に野に花見が盛りです)
サネ トゥレ コンノリガ ハンチャンイムニダ

신록의 계절을 맞이하여 (新緑の季節を迎えて)
シンノゲ ケジョルル マジハヨ

夏 [여름　ヨルム]

더위가 계속되는 삼복의 이때에 (暑さの続く三伏[夏の盛
トウィガ　ケソクテヌン　サムボゲ　イッテエ
り]のこの候に)

덥지요. 바다나 산이 그립지요? (暑いでしょう。海や山
トプチョ　　バダナ　サニ　クリプチョ
が懐かしいでしょう)

일본은 너무 무더워서 견딜 수가 없습니다 (日本はあまりにも蒸し暑くて、耐えられません)

한국은 여름이라 하더라도 습기가 없습니다 (韓国は夏とはいっても湿気がありません)

연이은 장맛비에 수해는 없으신지요? (続く長雨[梅雨]に水害などはありませんでしたか)

秋 [가을　カウル]

시원한 바람이 아침 저녁으로 부는 이 가을에 (涼しい風が朝夕に吹くこの秋に)

낙엽이 마당가에 흩날리기 시작하였습니다 (落葉が庭に散り始めました)

추석이 가까워지고 있는 이 때, 바쁘시겠지요? (秋夕が近づいているこの頃、お忙しいことでしょう)

가을도 깊어가니 무척 섭섭합니다 (秋も深まり、とてももの寂しいです)

고향 식구들은 모두 잘 계십니까? (故郷の家族の方たちは皆、お元気ですか)

일본의 가을 하늘은 아름답지요? (日本の秋の空は美しいでしょう)

달 밝고 바람 시원한 가을이 되면 네 생각이 자꾸만 난다
_{タル パルコ バラム シウォナン カウリ テミョン ネ センガギ チャックマン ナンダ}
(月が明るく風が涼しい秋になると、あなたのことがしきりに思い浮ぶ)

국화 향기가 그윽한 가을이 왔습니다 (菊の香りがかぐわ
_{クッファ ヒャンギ ガ クウクカン カウ リ ワッスムニダ}
しい秋が訪れました)

冬 [겨울 キョウル]

흰눈이 은세계를 이룬 요즘 (白い雪が銀世界をなすこの
_{ヒンヌ ニ ウンセゲルル イルン ヨジュム}
頃)

올 겨울 추위가 보통이 아닙니다 (今年の冬の寒さは普通
_{オル キョウル チュウィガ ポトンイ アニムニダ}
ではありません)

설 준비에 마음이 바쁜 근래 어떻게 지냅니까? (正月の
_{ソル チュンビ エ マウ ミ パプン クルレ オットッケ チネムニカ}
準備に気ぜわしいこの頃、どうお過しでしょうか)

올해도 또 저물어 갑니다 (今年もまた暮れて行きます)
_{オルヘ ド ト チョムロ カムニダ}

크리스마스 분위기로 들뜬 요즘 (クリスマス気分に湧き
_{クリスマス ブンウィギロ トゥルトゥン ヨジュム}
かえるこの頃)

세월은 화살같이 벌써 한 해가 기울어 갑니다 (歳月は矢
_{セウォルン ファサルガッチ ポルソ ハン ヘガ キウロ カムニダ}
のようで、もう一年が終わろうとしています)

相手の安否を気遣うことば

그동안(그간) 별고 없으신지요? (その後お変りありませんでしたか)

두루 안녕하십니까? (皆ご機嫌いかがですか)

오랫동안 뵙지 못하여 궁금합니다 (長い間会えなくて気がかりです)

자주 문안 드리지 못하여 죄송합니다 (しばらくごぶさたして申し訳ありません)

＊문안＝問安(ここでは、手紙のこと。消息)

실례를 무릅쓰고 몇 자 올리겠습니다 (失礼をかえりみずお手紙差し上げます)

＊올리겠습니다を、드리겠습니다にしてもよい。

언제나 보살펴 주신 것을 감사합니다 (いつも見守って下さったことを感謝します)

마음은 늘 있으면서 편지가 이렇게 늦어 죄송합니다 (気にはいつもしていたのですが、手紙がこのように遅れてすみません)

自分の近況・消息を伝えることば

　時候のあいさつ、相手の安否、消息、近況とつづけ、次に自分の近況、消息を書きます。

　덕분에 잘 있습니다 (お蔭さまで無事にいます)
　トクブネ　チャル　イッスムニダ

　　＊잘 있습니다は、무고합니다でも同じ意味。
　　　　　　　　　　　　ムゴハムニダ

　건강히 잘 있습니다 (元気で無事にいます)
　コンガンヒ　チャル　イッスムニダ

　　＊これもまた、잘 있습니다は、무고합니다にしてもよい。

　언제나 바쁩니다만, 몸은 매우 건강합니다 (いつも忙
　オンジェナ　パプムニダマン　モムン　メウ　コンガンハムニダ
　　しいですが、身体はいたって健康です)

　　＊언제나は、늘にしても同じ意味。
　　　　　　　　　ヌル

　병은 이제 나았습니다 (病気はもう治りました)
　ピョンウン　イジェ　ナアッスムニダ

　　＊이제を벌써にすると、「もう」が「すでに」になる。
　　　　　　ポルソ

本文の書き出し

　本文篇は別途章を改めて書いていますが、ここでは、書き出しの文句を少しあげてみましょう。

드릴 말씀은 다름이 아니옵고 (申し上げる話は他でもありませんが)

오늘 급히 펜을 들게 된 것은 (今日急いでペンを執ったのは)

특별히 올리는 말씀은 다름이 아니라 (特別に申し上げることは他でもない)

以上の書き出しの文句は、後に出てくる本文の実例では重複を避けるためにとくに使ってはいませんが、よく使われる決まり文句のようなものです。

結びのことば

오늘은 이만 그치겠습니다 (今日はこれで終わります)

건강하시기를 기원하면서 (健康であられることを祈願しながら)

이만 펜을 놓겠습니다 (これでペンを擱きます)

회답 기다리면서 펜을 놓겠습니다 (返事お待ちしながらペンを擱きます)

＊회답을 답장、답편などにしても意味は同じです。
　　　　タプチャン　タプピョン

난필을 용서해 주세요 (乱筆をお許し下さい)
ナン ピル ル ヨン ソ ヘ ジュ セ ヨ

이만 총총 (これにて)
イ マン チョンチョン

안녕히 계십시오 (さようなら)
アンニョン ヒ ケ シプ シ オ

＊今の若い人は、親しい間柄では単に안녕ですませる
　　　　　　　　　　　　　　　　　アンニョン
場合もよくみられる。意味は単純に「バイバイ」く
らいの軽い感じ。

署名

　本文で用件を述べて書き終わると、日付を入れて、名前を書いて署名します。名前を書いただけで終わるのもいいのですが、やはり署名があることが礼儀でしょう。韓国は中国や日本と同じく歴史の長い国なので、それにふさわしい署名の仕方というものが形式化されています。

目上の人に対して

朴在淳(박재순)드림
パクチェスン トゥリム

＊드림のところを、올림、상서としても同じ意味。드
　　　　　　　　　オルリム　サンソ
림、올림は「差し上げる」くらいの意味。상서は漢字で
「上書」と書くことができる。

서울에서 용철 드림 (ソウルにて、龍哲差し出す)
ソウレソ ヨンチョル トゥリム

당신의 숙이 올림 (貴男の淑が差し上げる)
タンシネ スギ オルリム

＊記し方はたくさんあるが、とりあえず二つだけあげておきます。姓を省いて名前だけにすることは、けっして失礼でなく、親しさを表している。なお、日付を書くのも忘れないようにしよう。

目下の人に対して

○○○　적음
　　　チョグム

○○○　글
　　　クル

○○○　씀
　　　スム

○○○　부터
　　　プット

＊以上の적음, 글, 씀などは「記す、書く」ほどの意味です。부터は「～から、～より」です。

宛先、宛名の書き方

　韓国はハングル一本やりの国と考えられているようですが、漢字はいまなお有効です。とくに手紙、葉書のような宛先、宛名の場合は漢字で書いても、ちゃんと届きます。もちろんハングルならなおのことOKです。なお、韓国の首都であるソウルだけは漢字で書けません。서울と書くといいでしょう。2004年まで中国語ではソウルを漢城と書いて

いましたが、現在は音をとって首尔と書くようになりました。なお、漢字は楷書できちんと書くことをすすめます。

いま述べたように、韓国の地名は漢字でも書けます。ビルはBLD、アパートはAPTでもOKです。アパートの棟は漢字で棟と書いても、ハングルの동(ドン)でもOKです。

韓国の行政単位は、おおむね次の通りです。

道→市→洞(あるいは里)→番地
ド　シ　ドン　　　　　　リ

道→郡→面→洞(あるいは里)→番地
　　クン ミョン

※洞と棟は、ハングルにするといずれも동(ドン)で、同じ音。

なお、ソウル特別市、釜山市や仁川市などの広域市は、
　　　　　　　　　プサン　　インチョン
道から独立しているので、地理的には道の中にあっても、道名を入れることはありません。

ソウル、釜山、大邱、仁川、光州、蔚山などの都市がそ
　　　　　　テグ　　　　クァンジュ ウルサン
うです。これら広域都市では日本と同じように行政単位として、区が設けられています。

市→区→洞
　　ク

日本と同じく上下の区別が厳しいので宛名は注意して書くようにしましょう。

좌하(座下)：これはもっとも高い敬称です。父母や師
チョハ
　匠、あるいは最も尊敬する人に対して使うが、古い言
　い方なので現在ではあまり使われません。

선생님(先生様):一般的に目上の人に対して使われます。
ソンセンニム

여사(女史):一般的に何がしかの地位や肩書のある目上
ヨサ
の女性で、肩書きや高い役職のある女性に使われます。

님(様):上下男女の区別なく、一般的に使われる敬称です。
ニム

씨(氏、さん):**님**と同じように使われるが、うんと目上
シ　　　　　　　　　ニム
の人には避けた方がよいでしょう。

형(兄):親しい同僚もしくは少し上の親しい先輩に使
ヒョン
う。また、**인형**(仁兄)、**학형**(学兄)、**대형**(大兄)も同
インヒョン　　ハキョン　　　テヒョン
じ意味で使われます。

군(君)、**양**(嬢)、(以上についてはすでに述べました)
クン　　ヤン

귀하(貴下):これもすでに述べたが、上下の区別なく一
クィハ
般的によく用いられます。

韓国の手紙文は、日本と同じように文章の初めと結語には格式ばった決まり文句がありましたが、現在ではもう旧世代の人しか使われなくなりました。

なお、ハングルは横書きが原則なので、注意しましょう。また、韓国内で送る葉書、手紙などの宛先も横書きであり、さらに宛先の表記は日本とは逆に下段に書くことになっているので、これもまた注意しましょう。

ファックスとメールについて

　ファックスやメールは手紙の書き方の要領に準じればいいでしょう。しかし、メールやファックスは、手紙のように、相手が目上の人か目下の人かによって大きく異なることはありません。葉書のようにより実用的でいいでしょう。仲のよい間柄の場合は、文章もくだけており、形式などにおかまいなく実用に重点をおいています。言い換れば、しゃべり言葉に近くなっていると言ってもよいでしょう。場合によっては、個条書きで要点を記すこともあります。これは、日本の事情と同じだと言えます。

　この本は、日韓交流が盛んになっている現在、葉書や手紙、あるいはファックス、メールなどを使ってやり取りしている方がたを想定して編集してみました。本の性質上、基本的に多くの部分を日韓対訳にしています。

　旧来の形式的な手紙の用法・語法などは、現在では実用的ではないので、できるだけ省きました。

　日韓の対訳には、二つの言語の語感として微妙なズレがあると思いますが、対照して読むことによって、韓国語の勉強にもなるはずです。

葉書の実例

病気が治ったことを友だちに知らせる

　先日は、お忙しいところお見舞いいただき感謝いたします。

　おかげさまで、去る〇〇月〇〇日に無事退院しました。

　もう仕事もできるほどに完治しました。ほんとうにありがとうございます。

　まずは、退院いたしましたことをお知らせします。

引っ越したことを友だちに知らせる

　その後お変りありませんか。

　実はこの度、私は家を下記の住所に移転しました。

　部屋は3間で広くはありませんが、環境が良くて空気も澄んでいます。

　もし、こちらの方に、来られる機会がありましたら、必ずお立ち寄り下さい。

엽서의 실례

 ## 병이 나은 것을 친구에게 알리다

일전에는 바쁘신데 문병까지 와 주셔서 감사합니다.

덕분에 지난 ○○월 ○○일에 무사히 퇴원하였습니다.

이제는 일도 할 수 있을만큼 완치되었습니다. 정말 고맙습니다.

우선 퇴원했음을 알립니다.

主な動詞・形容詞
퇴원하였습니다 → 퇴원하다
완쾌되었습니다 → 완쾌하다

 ## 이사한 것을 친구에게 알리다

그간 안녕하셨습니까?

실은 이번에 제가 집을 아래 주소로 옮겼습니다.

방은 3간(칸)이고 넓지는 않지만 환경이 좋고 공기도 맑습니다.

혹시 이쪽에 오실 기회가 있으시면 꼭 들려 주십시오.

主な動詞・形容詞
옮겼습니다 → 옮기다
넓지는 → 넓다

🔎 年賀状1

あけましておめでとうございます。
今年も、健康で、事業で多大な成果を収められることを祈願します。
幸多からんことを。

🔎 年賀状2

あけましておめでとうございます。
今年もご家庭に幸福と喜びが満ち、すべての願いと夢がなされる新年になるのを祈願します。

🔎 年賀状(友人に)

新年の朝が明けた。
○○(君よ、ちゃん)、新年には健康で、良いことばかりがあることを…。
新年に福(幸)をたくさんもらいなさい。

 연하장 1

새해 복 많이 받으세요.
올해도 건강하시고 사업에서 큰 성과가 있기를 축원합니다.
복 많이 받으세요.

> **主な動詞・形容詞**
> 축하합니다 → 축하하다

  연하장 2

새해 복 많이 받으세요.
올해에도 가정에 행복과 기쁨이 가득하고
모든 소망과 꿈이 이루어지는 새해가 되기를 기원합니다.

 연하장(친구에게)

새해 아침이 밝았어.
○○야, 새해에는 건강하고 좋은 일만 있기를…
새해 복 많이 받아라.

🔎 年賀状(先生に、目上の人に)1

　多事多難だった過ぎし年の間、深い関心で(関心をもって)、見守っていただいたことを心から感謝いたします。
　〇〇〇〇年の1年も、(お)宅があまねく平安であられ、願っていることが達せられることを(お)祈りします。

🔎 年賀状(先生に、目上の人に)2

　昨年1年、見守っていただき感謝します。
　新年には、暖かい導きと細い関心をお願いし、ご家族の皆さんが健康で、願っているすべてが現実され、幸福な1年になることを祈ります。
　新年、あけましておめでとうございます。

 **연하장**(선생님에게, 윗분에게)1

다사다난했던 지난 한 해 동안 깊은 관심으로 보살펴주심을 진심으로 감사드립니다.

○○○○년 한 해에도 댁내 두루 평안하시고, 소원성취 하시길 기원합니다.

> **主な動詞・形容詞**
> 보살펴 → 보살피다
> 평안하시고 → 평안하다

 **연하장**(선생님에게, 윗분에게)2

지난 한 해 돌봐주셔서 감사합니다.

새해에도 따뜻한 손길과 세심한 관심 부탁드리오며, 온 가족이 건강하고 뜻하신 모든 소원 이루시는 행복한 한 해가 되시기를 기원합니다.

새해 복 많이 받으십시오.

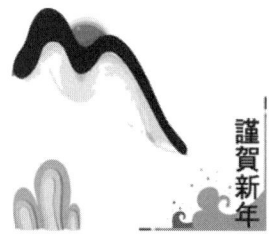

🔍 季節のあいさつ(春、友人に)

和暢(のどか)な春になりました。

寒かった冬は過ぎ、万物のよみがえる春——

今後も、お元気にお仕事で成果のあることを祈ります。

🔍 季節のあいさつ(夏、友人に)

射すような日差しが照りつける、蒸し暑いこの頃、いかがお過しでしょうか。

海や山には行かれましたか。

健康に注意され、引き続き頑張って下さい。

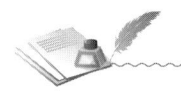

계절인사(봄, 친구에게)

화창한 봄이 왔습니다.
추웠던 겨울이 지나가고 만물이 소생하는 봄——
이후에도 건강하게 사업에서 성과있기를 기원합니다.

> **主な動詞・形容詞**
> 화창한 → 화창하다
> 추웠던 → 춥다

계절인사(여름, 친구에게)

따가운 햇빛이 쪼이는 무더운 요즘 어떻게 지내십니까?
바다나 산에 가셨습니까?
건강에 주의하시어 계속 분발해 주십시오.

> **主な動詞・形容詞**
> 따가운 → 따갑다
> 쪼이는 → 쪼이다
> 무더운 → 무덥다
> 지내십니까 → 지내다

🔎 季節のあいさつ(秋、友人に)

　朝夕に、涼しい秋になりました。近頃はどのようにお過しでしょうか。

　読書の秋、芸術の秋だと言いますが、何かとお忙しいことでしょう。

　身体に気をつけてつづけて頑張って下さい。ご自愛下さい。

🔎 季節のあいさつ(冬、友人に)

　今年の冬は、なぜか雪が多く降ります。

　その後、健(すこ)やかでお変りありませんでしょうか。

　まだ春までは、遠いようですが、風邪を引かないようくれぐれもお気をつけ下さい。

계절인사(가을, 친구에게)

아침 저녁으로 서늘한 가을이 왔습니다. 요즘 어떻게 지내십니까?

독서의 계절, 예술의 가을이라 하지만 여러모로 바쁘시겠지요.

몸 조심하시고 계속 분발해 주십시오. 자애해 주십시오.

> **主な動詞・形容詞**
> 서늘한 → 서늘하다

계절인사(겨울, 친구에게)

올 겨울은 무슨 일인지 눈이 많이 내립니다.

그간 건강히 잘 지내셨습니까?

아직도 봄은 먼 것 같은데 감기 걸리지 않도록 부디 조심하십시오.

> **主な動詞・形容詞**
> 내립니다 → 내리다

🔍 事務所を設けたことを知人、友人、関係会社に知らせる

お久し振りです。その後お変りないでしょうか。
この度私は、独立して下記に事務所を設けました。
小さな会社ですが、ひとつじっくりと頑張る覚悟です。
もし、近くに来られる機会がありましたら、ぜひお立ち寄り下さい。以上簡単ですがお知らせします。
　住所　東京都新宿区〇〇町〇〇番地
　商号　株式会社〇〇商事
　電話番号　03－3585－0000
　メール　kwef500@school.ne.jp
　5月5日　山田一夫

사무실을 연 것을 지인, 친구, 관련회사에 알린다

오래간만입니다. 그간 별고없으십니까?

이번에 저는 독립하여 아래 주소에 사무소(사무실)를 차렸습니다.

자그마한 회사입니다만 한번 꾸준히 해볼 각오입니다.

혹시 근처에 오실 기회가 있으시면 꼭 들려주십시오. 이상 간단히 연락드립니다.

주소   도쿄 신쥬큐구 ○○쵸 ○○번지

상호(商號)   주식회사 ○○○상사

전화번호   03-3585-0000

E-mail   kwef500@school.ne.jp

5月 5日 야마다 카즈오

主な動詞・形容詞
별고없으십니까? → 별고없다
자그마한 → 자그마하다, 작다
꾸준히 → 꾸준하다
들려주십시오 → 들리다 + 주다 → 들려주다

季節の葉書(秋、ボーイフレンドに)

　読書の秋、芸術の秋、食欲の秋と、しばしば世間の人は言いますが、近頃、どうお過しでしょうか。
　私は最近、毎日のように美術展や、演劇観賞や、何かの催しなどで、満足に読書する時間もありません。
　あなたはもともと、食欲旺盛なので、この良い季節に、ビールなど飲んで、おいしい料理を楽しみ食べ歩いているのではないでしょうか。
　一度会って、あなたの珍味についてのお話を聞いてみたいですね。
　食べ過ぎて、おなかをこわさないように、気をつけて下さいね。
　では、今日はこれにて。

계절 엽서 (가을, 남자친구에게)

 독서의 가을, 예술의 가을, 식욕의 가을이라고 흔히 세상사람들은 말합니다만, 요사이 어떻게 지내고 계십니까?

 저는 최근에 날마다, 미술전이요, 연극관람이요, 어떤 행사모임이요 해서 느긋하게 독서할 시간도 없습니다.

 당신은 워낙 식욕이 좋으니 이 좋은 계절에 맥주를 마시며 맛있는 음식을 즐기고 계시지 않으신지요?

 한번 만나서 당신의 진미에 대한 이야기도 듣고 싶군요.

 과식하여 배탈이 나지 않도록 조심하세요.

 그러면 오늘은 이만 하겠습니다.

主な動詞・形容詞
말합니다만 → 말하다
하겠습니다 → 하다 + 겠-

季節の葉書(夏、恋人、友人に)

　射すような太陽が照りつけて、蒸し暑い今日この頃、いかがお過しですか。

　私はあまり暑く、汗が出るので、毎日たくさんの水を飲み、アイスクリームを食べてしのいでいます。

　あなたは夏がとても好きだから、もう何度も海に行って、泳いだことでしょう。

　私は今週末から涼しい渓谷を訪ね、キャンプをしに行く予定です。

　どうぞ、お身体に気をつけて、休日を有効に使い、また元気を出して働きましょう。

　秋になったら一度お会いしましょう。

　では、さようなら。

계절 엽서 (여름, 애인, 친구에게)

따가운 햇살이 쪼이는 무더운 요즈음, 어떻게 지내고 계신지요?

저는 너무 더워서 땀이 흘러 매일 많은 물을 마시고 아이스크림을 먹으며 견디고 있습니다.

당신은 여름을 무척 좋아하니 벌써 몇 번이나 바다에 가서 헤엄쳤겠지요.

저는 이번 주말부터 서늘한 계곡을 찾아서 야영을 하러 갈 예정입니다.

아무쪼록 몸 조심하고, 휴일을 유용하게 보내고 다시 기운을 내서 일합시다.

가을이 되면 한번 만납시다.

그러면 안녕히 계십시오.

主な動詞・形容詞
쪼이는 → 쪼이다
무더운 → 무덥다
더워서 → 덥다
일합시다 → 일하다
만납시다 → 만나다

🔍 季節の葉書(春、先輩に)

　暖かい日ざしの降りそそぐ春、
　万物がよみがえる春、
　まさしく、春の到来です。
　その後先輩は、お元気でしたか。
　私は寒い冬が過ぎて、うららかな春が訪れたので、うれしくて仕方がありません。
　今年の四月には、私も最高学年になります。もう、卒業論文も書かなくてはならないし、就職もしなければならず、いろいろと忙しくなることでしょう。
　けれども先輩の助言をよく守り、先輩のように、社会に出て、着実に前進できるように、最後の学窓生活を意義深く過す考えです。
　一度お会いし、落着いてお話しながら、いろいろ指導して下さい。今日はこれで筆(ペン)を擱きます。

※韓国の新学期は日本より1か月早く、3月です。

계절 엽서(봄, 친구에게)

따사로운 햇볕이 내리쪼이는 봄,

만물이 재생하는 봄,

바야흐로 봄이 왔습니다.

그간 선배는 잘 계셨습니까?

저는 추운 겨울이 지나가고 따사로운 봄이 찾아왔기에 기뻐서 어쩔줄을 모르겠습니다.

올 4월에는 저도 최고학년이 됩니다. 이제 졸업논문도 써야하고 취직도 해야 하니 여러모로 바빠질 것입니다.

그렇지만 선배의 조언을 잘 따라서 선배처럼, 사회에 나가서 착실히 전진할 수 있도록 마지막 학창생활을 의의있게 보낼 생각입니다.

한번 만나뵙고 싶습니다. 차분히 이야기하면서 많은 지도 바랍니다. 오늘은 이만 붓(펜)을 놓겠습니다.

主な動詞・形容詞
따사로운 → 따사롭다
바랍니다 → 바라다
놓겠습니다 → 놓다 + 겠-

🔍 季節の葉書(冬、知人に)

　今年の冬は雪がたくさん降りましたが、その後、健康にお過しですか。

　私は変りなく、元気に過しています。

　さて今年は、ほんとうに寒い冬ですね。

　うちの近くの公園の池も、何日か前から凍りはじめました。

　まだ寒い季節が続きそうですね。

　今年の冬はどちらか行かれますか。寒いけれどスキー、スケートなど、ウィンタースポーツは楽しいですね。私も来週にはスキーに行く予定です。

　では、体に気をつけて下さい。春になったら、またお会いしましょう。

　さようなら。

계절 엽서(겨울, 지인에게)

 금년 겨울은 눈이 많이 내렸습니다만, 그간 건강하셨습니까?

 저는 별탈없이 잘 지내고 있습니다.

 그런데 올해는 정말로 추운 겨울이네요.

 우리집 근처 공원의 연못도 며칠 전부터 얼기 시작했습니다.

 아직 추운 날씨가 계속될 모양이네요.

 금년 겨울은 어디에 가십니까? 춥지만, 스키, 스케이트등, 겨울 스포츠는 즐겁네요. 저도 내주에는 스키를 타러 갈 예정입니다.

 그럼 몸 조심하세요. 봄이되면 다시 만납시다.

 안녕히 계십시오.

主な動詞・形容詞
내렸습니다 → 내리다　　추운 → 춥다
만납시다 → 만나다　　얼기 → 얼다

簡単な手紙の実例

🔍 兄を友だちに紹介

　お久し振りです。その後お元気ですか。

　私はあいかわらず元気に過しています。ところで、実は今度、三郎兄さんがソウルに行きます。私はあなたを是非兄に紹介しようと思っていたので、良い機会だと思います。

　兄は韓国の歴史を勉強しています。あなたも歴史に興味があると兄に言ったら、一度会いたいと言っています。

　兄と韓国の歴史について話をするのは、あなたにとっても良いことだと思います。

　兄は今までソウルに行ったことがないので、いろいろ助けてくださればありがたく思います。また、兄も心からそう願っています。よろしくお願いします。

　正確な日時、場所については、後日またメールか電話で連絡するようにします。

　では、さようなら。

李正順より
イ ジョンスン

간단한 편지의 실례

오빠를 친구에게 소개

오래간만입니다. 그간 잘 계셨습니까?

저는 별탈없이 잘 지내고 있습니다. 그런데 실은 이번에 사부로 오빠가 서울에 갑니다. 저는 당신을 꼭 오빠에게 소개하고 싶었던 터라 좋은 기회라고 생각합니다.

오빠는 한국 역사를 공부하고 있습니다. 당신도 역사에 흥미가 있다고 오빠에게 이야기했더니 한번 만나고 싶다고 합니다.

오빠와 한국 역사에 대하여 이야기를 나누는 것은 당신에게도 좋은 일이라고 생각합니다.

오빠는 지금까지 서울에 가 본 적이 없기 때문에 여러 모로 도와주시면 감사하겠습니다. 또 오빠도 진심으로 그렇게 바라고 있습니다. 잘 부탁하겠습니다.

정확한 날짜, 시간, 장소에 관해서는 후일에 다시 메일이나 전화로 연락하도록 하겠습니다.

그러면 안녕히 계십시오.

이정순으로부터

主な動詞・形容詞
좋은 → 좋다

ことわり（了解）の手紙

　昨日は会場で会えなかったのでとりいそぎ、お知らせします。
　私と2人の親友は箱根の温泉に行く予定です。
　明日発って3日後に帰って来ます。
　ですから、あさってあなたと会えなくなりました。
　会場で会えたら、あらかじめ知らせて了解を得ようと思ったのですが、申し訳ありませんでした。
　帰って来しだい、連絡いたします。
　では、さようなら。

양해 편지

어제는 회장에서 못 뵈었기 때문에 급히 알립니다.

저와 친구 2명은 하꼬네온천에 갈 예정입니다.

내일 가서 3일후에 돌아옵니다.

그래서 모레 당신과 만나지 못하게 되었습니다.

회장에서 뵈었다면 미리 알리고 양해를 구하려고 했는데 죄송합니다.

돌아오는대로 연락하겠습니다.

그러면 안녕히.

主な動詞・形容詞
만날 수 있었다 → 만나다
알려 → 알리다

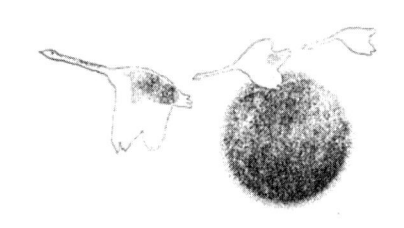

誘いの手紙(登山の誘い)

　その後、お元気に勤務なさっていることと存じます。さて、前からいつも思っていながら、なかなかその機会を得られなかった富士山登山を、今年は皆が決行しようと合意しましたので、貴兄もどうかと思いお誘いする次第です。

　8月とか9月になると、山が少し荒れるので危険だし、また7月下旬が状況がいいというので、7月23日の朝、車で出発し、その日の晩は河口湖で泊り、翌日は朝から登山、頂上に登り、下山して帰りに車で、忍野温泉に立ち寄る予定です。

　以上のとおりですので、是非とも参加して下さい。

　連絡お待ちしています。

권유의 편지(등산의 권유)

 그 후 몸 건강히 근무하시고 계시리라 생각합니다. 전 난번부터 늘 생각하면서도 기회가 좀처럼 없었던 후지산 등산을 금년에는 모두가 결행하자고 합의하였기에 귀형도 어떠신가 하고 권하는 바입니다.

 8월이나 9월이 되면, 산이 좀 거칠어지니 위험하고 또 7월 하순이 형편이 좋다고 하기 때문에 7월 23일 아침 자동차로 출발, 그날 밤에는 가와구찌호에서 묵고, 이튿날은 아침부터 등산, 정상에 올라, 하산해서 돌아올 때, 자동차로 오시노 온천에 들릴 예정입니다.

 이상과 같으므로 꼭 참가해주십시오.

 연락을 기다리겠습니다.

主な動詞・形容詞
묵고 → 묵다
돌아올 → 돌아오다
들릴 → 들리다
같으므로 → 같다 + 므로
기다리겠습니다 → 기다리다 + 겠다

訪問の知らせ(先輩へ)

朴基洙先輩

　その後、お元気でしたか? 今日まで何の消息もしておりませんでしたが、皆さんはお変りございませんか?

　ところで突然、私は来たる4月20日に出張で3年ぶりに日本に行くことになりました。東京には2週間ぐらい滞在する予定です。その後、北海道に10日ほどいて、帰国します。

　今から久し振りに先輩に会うことを楽しみにしています。その時、妹の恵淑の日本留学についても意見を伺いたいです。4月20日、KAL704便で、成田空港には午後7時20分に到着します。その日夜遅く宿に入るため、失礼ですが遅い時間に電話をかけます。

　何卒よろしくお願いします。

　お姉さまにもよろしくお伝え下さい。

　さようなら。

방문알림(선배님에게)

박기수 선배님

그간 안녕하셨습니까? 오늘까지 아무 소식도 전하지 못하고 있었습니다만 여러분께서는 변함이 없으십니까?

갑작스런 일입니다만 저는 오는 4월 20일에 출장으로 3년만에 일본에 가게 되었습니다. 도쿄에는 2주일쯤 머물 예정입니다. 그후 홋카이도에 10일쯤 있다가 귀국합니다.

벌써 오래간만에 선배님을 뵈올 것을 즐거움으로 삼고 있습니다. 그 때 누이 동생인 혜숙의 일본 유학에 대해서도 의견을 듣고 싶습니다. 4월 20일 KAL704편으로 나리타공항에 오후 7시 20분에 도착합니다. 그날 밤늦게 숙소에 들어가기 때문에 실례되지만 늦은 시간에 전화를 올리겠습니다.

아무쪼록 잘 부탁드리겠습니다.

형수님께도 안부인사 전해 주십시오.

안녕히 계십시오.

※선배(先輩)は年上なので、선배님と言うのがていねいです。

主な動詞・形容詞
즐거움으로 → 즐겁다
삼고 → 삼다

先輩に恩師(先生)の住所を聞く

　急ぎの質問で失礼とは存じますが、もしかして先輩は鄭先生の住所をご存知でしょうか。

　実は今度少し教えを乞うことが生じ、先生の住所をいろいろ問い合わせてみたのですが、全然わからなくて困っていたところ、先輩が鄭先生と親しい間柄だと伺いましたので、ご存知ではなかろうかと思い、失礼をかえりみず照会する次第です。

　ご存知であれば、教えていただければほんとうに感謝します。よろしくお願いします。

선배에게 은사(선생님)의 주소를 묻다

 갑작스러운 질문이라 실례라고 생각합니다만 혹시 정선생님의 주소를 알고 계십니까?
 실은 이번에 조금 가르침을 받을 일이 생겨서 선생님의 주소를 여러모로 문의해 보았으나 통 알 수가 없어 곤경에 처해 있었습니다만, 선배가 정선생님과 친한 사이라고 들었기에 알고 계실까 싶어서 실례를 무릅쓰고 조회하는 바입니다.
 알고 계시다면 알려주시면 정말 감사하겠습니다. 잘 부탁드립니다.

主な動詞・形容詞
알고 → 알다
받을 → 받다
처해 → 처하다
친한 → 친하다
알려주시면 → 알리다 + 주시다 → 알려주다

外国にいる友人に訪問予定を知らせる

　蒸し暑い中、いかがお過しでしょうか。お見舞い申し上げます。

　私はこの度、急にフランスに旅行に行くことになりました。妻と7月13日成田から出発、帰途には香港に立ち寄り、7月末には帰国する予定です。

　また、もしそちらに行く時には、メールで必ず連絡差し上げます。

　ですから、しばらく連絡がとれなくなりますが、お元気でいられることを祈ります。簡単ですが、あいさつかたがたお知らせする次第です。

외국에 있는 친구에게 방문예정을 알리다

무더위 속에서 어떻게 지내고 계신지 문안드립니다.

저는 이번에 갑자기 프랑스로 여행을 가게 되었습니다. 집사람과 7월 23일 나리따를 출발, 돌아오는 길에 홍콩에 들러 7월 말에 귀국할 예정입니다.

또한, 만약에 그 쪽에 갈때는 미리 메일로 꼭 연락드리겠습니다.

그래서 한동안 소식 전하지 못하게 되었습니다만 변함없이 잘 지내시기를 바랍니다. 약식이지만 안부를 겸하여 인사드리는 바입니다.

※집사람(家の者)という意味だが、妻を指す。妻は처、女房はマヌラ、家内は아내と言う。最近は、와이프という言い方もよく使います。

主な動詞・形容詞
지내고 → 지내다
떠나게 → 떠나다

🔍 試験の合格を先生に知らせる

　今日大学入試の結果発表を見てきました。

　幸い合格していましたので、ご安心下さい。

　一年間、一所懸命に努力したかいがありました。

　何度も自分の名前を確認しているとうれしくて、目がしらが熱くなりました。

　いつも指導してくださった先生のご恩に、少しは報いることができたという感じがします。

　これから入学したら頑張って勉強し、素心を貫く決意です。

　どうぞよろしく、ご指導ご鞭撻のほどお願いします。

합격을 선생님에게 알리다

오늘 입학시험결과발표를 보고 왔습니다.

다행히도 합격하였으니 안심하시기 바랍니다.

1년간 열심히 노력한 보람이 있었습니다.

몇 번이나 자기 이름을 확인하고서야 기뻐서 눈시울이 뜨거워졌습니다.

늘 지도해주신 선생님의 은혜에 조금 보답할 수 있었다는 느낌이 듭니다.

앞으로 입학하면 열심히 공부해서 소심을 잊지 않도록 하겠습니다.

부디 지도편달을 부탁드립니다.

主な動詞・形容詞
보고 → 보다
듭니다 → 들다
잊지 → 잊다

全快したことを友人、知人に知らせる

　〇〇氏、今日は家で手紙を書いています。
その後お元気でしたか。
　私はおかげさまで去る〇〇日に退院しました。
　入院中にはお見舞いにまで来てくださり、ほんとうにありがとうございます。私の足の手術は、それほど難しいものではなかったのですが、将来を考えて今度完治しましたので、安心です。
　何日か前から歩けるようになり、早く働きたいと意欲にあふれています。
　奥さんにもよろしくお伝え下さい。
　何日かしてから、出社できるようになりましたら、また連絡します。

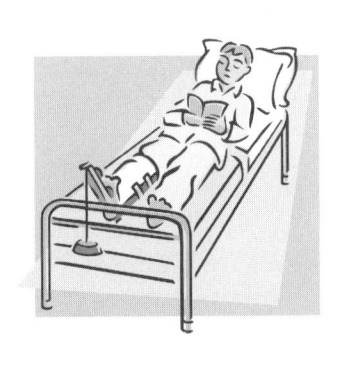

완쾌한 사실을 친구, 지인에게 알리다

○○씨, 오늘은 집에서 편지를 쓰고 있습니다.

그간 잘 계셨습니까?

저는 덕분에 지난 ○○일 퇴원하였습니다.

입원중에 문병까지 와주시고 대단히 감사합니다. 제 다리 수술은 그리 어려운 것은 아니었지만 장래를 생각해서 이번에 완치되었으니 안심입니다.

며칠 전부터는 걸어다닐 수 있게 되었고, 빨리 일하고 싶은 의욕도 넘쳐납니다.

부인께도 잘 전해주십시오.

며칠 있다가 출근하게 되면 다시 연락 드리겠습니다.

※부인は夫人、奥さん(様)で、사모님(師母様)は先生やや目上の人の夫人に対する敬称として使う。使用されている者は社長や重役級の夫人に対しては、やや古い言い方だが、마님(奥方)という敬称があります。

主な動詞・形容詞
씁니다 → 쓰다
어려운 → 어렵다
넘쳐납니다 → 넘치다 + 나다

父が亡くなったことを知らせる

　突然のことなので驚かれると思いますが、今朝○時○○分、父(○○○　享年　○○歳)が逝かれました。

　入院生活をしていましたが、胃ガンのためついに命を救えませんでした。

　今日通夜をし、また告別式は○○日○○時に、下記にて執り行うことになりました。

　生前父と親しかった先生に、香を手向けていただければと思い、お知らせする次第です。

부친이 돌아가신 것을 알리다

 갑작스런 일로 놀라실줄 압니다만 오늘 아침 ○시 ○○분 아버님께서(○○○ 향년 ○○세) 돌아가셨습니다.

 입원생활을 하고 계셨습니다만, 위암이라 끝내 돌아가셨습니다.

 오늘 밤 고인과 같이 밤을 새우고 또한 고별식은 ○○일 ○○시에 하기에서 거행할 예정입니다.

 생전에 아버님과 친하게 지내셨던 선생님께서 향을 올려 주셨으면 하고 알려드리는 바입니다.

※韓国には日本の通夜に当たる言葉(単語)がなく、葬儀に関する一切の礼儀、作法、手順のことを初終凡節(초종범절)と言う。
※韓国では、身内でも「돌아가신」(亡くなられた)というふうに尊敬語を使って表現する。例えば、「사장님은 외출하셨습니다」(社長は外出されました)というふうに表現する。

主な動詞・形容詞
놀라실줄 → 놀라다
건질수가 → 건지다

お世話になった先輩に卒業したことを伝える

　先輩、ついに去る15日卒業しました。

　在学中にはいろいろアドバイスをしてくださり、ほんとうに有難とうございました。私ももう社会に一歩を踏みだすことになりました。

　就職は○○会社に決まりましたので、これからも先輩とよくお会いすることになろうかと思います。

　今までのように、これからも、変らぬご指導ご鞭撻をお願いするしだいです。

　まずは、卒業したことをお知らせいたします。

도움을 받은 선배님에게 졸업한 사실을 전하다

선배, 드디어 지난 15일 졸업했습니다.

재학중에는 여러모로 조언을 해주시고 정말로 고맙습니다. 저도 이제 사회에 첫 발을 내딛게 되었습니다.

취직은 ○○회사로 결정되었기 때문에 앞으로도 선배를 자주 뵙게 되리라고 생각합니다.

지금까지처럼 마찬가지로 앞으로도 변함없는 지도편달을 부탁드리는 바입니다.

우선 졸업한 것을 알립니다.

> **主な動詞・形容詞**
> 주시다 → 주다
> 내딛게 → 내딛다
> 알립니다 → 알리다

男子の誕生を知らせる

　先生いろいろとありがとうございます。

　昨日やっと男の子を出産いたしました。

　体重は3,500グラムです。

　顔は父親に似て男らしく、とてもかわいいです。

　母子ともに約一週間後には退院できるので、とくにご心配には及びません。

　退院したら、また連絡いたします。

남자아이의 출생을 알리다

선생님, 여러모로 고맙습니다.

어제 드디어 사내아이를 낳았습니다(득남했습니다).

체중은 3,500그램입니다.

얼굴은 아빠 닮아서 남자답고, 너무 귀엽습니다.

산모와 아이 둘 다 약 1주일후에는 퇴원할 수 있으므로 선생님께서는 특별히 걱정하시지 않으셔도 됩니다.

퇴원하면 다시 연락드리겠습니다.

※韓国語には男の子をもうけることを意味する単語に、득남(得男) _{トゥンナム} がある。逆に、女の子の場合は득녀(得女)と言う。_{トゥンニョ}

主な動詞・形容詞
낳았습니다 → 낳다
닮아서 → 닮다

引っ越しの通知

　先輩、お久し振りです。その後お元気のことと思います。おかげさまで、私も元気にやっています。
　ところで先輩、私はこの度家を引っ越しました。
　今までより通勤には少し時間がかかりますが、空気がよくて部屋も二間なので、一人で生活するには充分です。
　池袋から東武電車に乗り、志木で降ります。
　ひまな折、一度是非遊びにきて下さい。
　お粗末ですが、私の手料理でもてなそうと思います。ではお待ちしています。さようなら。

이사 통지

　선배, 오래간만입니다. 그간 잘 계셨으리라 생각합니다. 덕분에 저도 잘 지내고 있습니다.

　그런데 선배, 이번에 집을 이사하였습니다.

　지금보다 통근하기에는 시간이 더 걸리지만 공기 좋고 방도 2간(칸)이니 혼자서 생활하기에는 충분합니다.

　이께부꾸로에서 도부 전철을 타고 시끼에서 내립니다.

　틈나시면 한번 꼭 놀러 와 주십시오.

　솜씨는 없습니다만 제가 만든 요리를 대접하겠습니다. 그러면 기다리겠습니다. 안녕히 계십시오.

※간は発音上で칸と読む。また、칸と書くこととき認められている。漢字の「間」のハングル音です。

主な動詞・形容詞
낳았습니다 → 낳다
닮아서 → 닮다

友人に借りた金を送金したことを知らせる

　先日はやむをえない事情により、あなたからお金をお借りしご迷惑をおかけしました。

　おかげさまで仕事はうまくいき、もう落ちつきましたので、今日お借りしたお金を銀行振込みで送金しました。

　すぐにあなたの口座に入金されると思いますが、謝意をかねて手紙でお知らせする次第です。

　私もこれからは一生懸命仕事をいたします。今後はご迷惑がかからないようにしたいと思っています。

　今度ゆっくりお会いし、その間のつもる話をしましょう。

　まずは、お知らせします。

친구에게 빌렸던 돈을 송금했다는 것을 알리다

지난번에는 부득이한 사정으로 돈을 빌려서 폐를 끼쳤습니다.

덕분에 일은 잘 되고 이제 안착이 되었으므로 오늘 빌린 돈을 은행을 통하여 송금하였습니다.

곧 당신의 계좌에 입금이 되리라 생각되나 사의를 겸해서 편지로 알립니다.

저도 앞으로는 열심히 일을 하겠습니다. 앞으로는 폐를 끼치지 않도록 하겠습니다.

다음에 천천히 만나서 그간의 쌓인 이야기를 나눕시다.

우선 알립니다.

※韓国では、ATMでの送金(송금)を入金(입금)という言い方もしています。

主な動詞・形容詞
폐를 끼쳤습니다 → 폐를 끼치다
분발해 주십시오 → 분발하다

🔍 結婚祝いの礼状

　淑英さん(氏)、おかげさまで結婚式も新婚旅行もとどこおりなく終わりました。今日はやっと、落ち着きましたのでペンを執りました。

　私の結婚を大変に喜んでくださり、また新しい家庭の記念として素晴らしい額縁を贈ってくださり、ほんとうにうれしく、感謝のあいさつを申し上げます。また、少女の頃から今日まで長い間、厚い友情を示してくれたことを、心からありがたく思っています。

　どうしてもつつましい新家庭で、粗末な家具しかなかったのですが、あなたが贈ってくださった額縁は、部屋によく似合います。今日早速、画廊で一つ絵を買ってきて入れてみました。その額縁の模様の色に絵が似合い、けっこう見栄えがします。部屋の中が上品に見えます。

　その返礼の意味で、ささやかな品物を別途に送りましたので、ご笑納下さい。

　まずはお礼を兼ねて、あいさつを申し上げます。

결혼축하에 대한 답장

 숙영씨 덕분에 결혼식도 신혼 여행도 무사히 마쳤습니다. 오늘에서야 여유가 생겨 펜을 들었습니다.

 제 결혼을 그처럼 기뻐해 주시고 또 새 가정의 기념으로 좋은 액자를 선물해 주셔서 정말로 기쁘며 감사의 인사를 드립니다. 또한 소녀 때부터 오늘날까지 오랜 동안 두터운 우정을 표해 주었음을 진심으로 고맙게 생각하고 있습니다.

 아무래도 보잘것 없는 새 가정이어서 조잡한 가구들만 있었는데 당신이 선물해 주신 액자는 방에 잘 어울립니다. 오늘 재빨리 화랑에서 그림을 하나 사 와서 넣어 보았습니다. 그 액자의 무늬빛과 그림이 잘 어울려 정말 멋집니다. 방안이 품위가 있어 보입니다.

 거기에 답례하는 뜻으로 조그마한 물품을 별도로 보냈으니 기쁘게 받아주시기 바랍니다.

 우선 답례 겸 인사를 드리겠습니다.

主な動詞・形容詞
마쳤습니다 → 마치다
기쁘게 → 기쁘다

新婚夫婦を招待する親戚からの手紙

　その後、二人でいろいろ忙しく、一日一日を過しているこ とと思う。釜山からの手紙はうれしく読んだ。港の潮風を受 けて歩く、美しい夫婦の姿こそ微笑えましいものだろう。

　旅行の疲労がまだとれてないだろうが、来る13日午前 11時頃に一緒にこちらに来てくれればうれしい。子供た ちもみんな指おり待っているよ。先日は披露宴の式場で、 子供たちも敬浩さんを見たけれども、場所が場所なので話 が出来なかったことを残念に思っていた。子供たちはこん どこそ、家の方へ来てもらって敬浩さんに親友になっても らうんだと期待をふくらませている。当然、迷惑をかける ことになるだろうと思うが、たくさんのいたずらっ子たち が招待しているので、気楽に訪ねて来てほしい。こちらで は、家族一同の他に、知ってのとおり、慶州のおじさん夫 婦、大田の相浩夫婦が来ることになっている。その人たち も素朴で、愉快な人たちなので気兼ねすることはない。

　では、当日会えることを楽しみにしている。

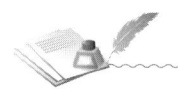

신혼부부를 초대하는 친척으로부터의 편지

  그후에 둘이서 여러모로 바쁘게 하루하루 보냈으리라 생각한다. 부산에서 보내준 편지는 반갑게 읽었다. 항구의 바다(바닷)바람을 맞고 걸어가는 아름다운 부부의 모습이야말로 미소를 짓게 한다.

  여행의 피로가 아직 가시지 않았겠지만, 오는 13일 오전 11시경에 함께 이쪽으로 와 주면 고맙겠다. 아이들도 모두 손꼽아 기다리고 있는 터이다. 전날에는 피로연 식장에서 아이들도 경호씨를 보았지만, 장소가 장소여서 이야기를 하지 못한 것을 아쉽게 생각하고 있었다. 아이들은 이번에야말로 집에 초대해서 경호씨에게 친구가 되어 달라고 하겠다고 크게 기대를 하고 있다. 응당 폐를 끼치는 일이라고 생각하지만 많은 개구장이들이 초대하니 가벼운 기분으로 찾아오길 바라는 바이다. 이쪽에는 가족 일동 외에 알다시피 경주의 아저씨 부부, 대전의 상호 부부가 오기로 되어 있다. 그 사람들도 꾸밈없고, 즐거운 사람들이므로 허물이 없으리라 생각하는 바이다.

  그럼 당일 만날 것을 즐거움으로 삼고 있겠다.

主な動詞・形容詞
기쁘게 → 기쁘다
반갑게 → 반갑다

招待を受けた新婚夫婦が親戚に送る礼状

　伯母さん、こんどの13日に私たちを招待してくださりありがとうございます。必ず当日には、２人で訪ねて行きます。敬浩さんもとても喜んでいます。

　港の潮風はほんとうに良かったけれども、やさしい敬浩さんに連れられて行った未知の地方旅行は詩のようで、歌のようで、さながら夢の中を行くように楽しい日々でした。

　当日には、慶州の叔父さんと大田の相浩さんたちも一緒にいらっしゃるとのことで、敬浩さんのためにも良い機会だと思います。

　当日は、伯父さまがいろいろと良いお話をしてくださると思いますが、歌を一曲ぐらい歌って下さることを望みます。伯母さまから、そのように配慮してくださるようお願いします。ただ、このことを伯父さまには言わないで下さい。

　では、その時を楽しみに、まずは返事を差し上げます。

초대받은 신혼부부가 친척에게 보내는 편지

 큰어머님(백모님), 이번 13일에 저희들을 초대해 주셔서 고맙습니다. 당일에는 꼭 둘이서 찾아가겠습니다. 경호씨도 매우 기뻐하고 있습니다.

 항구의 바닷바람은 정말로 좋았지만 상냥한 경호씨에게 이끌려서 간 미지의 지방 여행은 시처럼 음악처럼 마치 꿈속을 거닐듯 즐거운 나날이었습니다.

 당일에는 경주의 아저씨와 대전의 상호씨도 함께 온다니 경호씨를 위해서도 좋은 기회라고 생각합니다.

 당일에는 큰아버님께서 여러 가지로 좋은 말씀을 해주시겠지만 노래를 한 곡쯤 불러주시기를 바랍니다. 큰어머님께서 그렇게 하시도록 배려해 주시기 바랍니다. 다만 이 사실을 큰아버님께는 말씀드리지 말아주세요.

 그럼 그때를 기다리며 우선 답장을 보냅니다.

※韓国では最近、若い夫婦間ではしばしばお互いに씨(씨、さん)を敬称として使っています。

> **主な動詞・形容詞**
> 이끌려서 → 이끌리다, 이끌다
> 불러주시기를 → 부르다

友だちの結婚を祝う

　瑛淑さんおめでとう。以前から話のあった縁談がちょうど決まったとのことでうれしく思う。朴景洙さんはしっかりした会社員だし、あなたは子供たちを教える良い先生なので、お似合いのカップルだと思う。

　式を来月中旬に挙げるとのことだが、その準備で気ぜわしいと思う。私に出来ることがあれば、何でも遠慮しないで、言ってくれよ。

　昨日から急いで準備したものがある。あなたが新しい生活を始める記念に是非差し上げたいと思っていた。

　近いうちに持って行きたい。さようなら。

친구의 결혼을 축하하다

 영숙씨, 축하해. 이전부터 이야기가 오가던 혼담이 성사되어 기쁘게 생각해. 박경수씨는 똑똑한 회사원이고 너는 아이들을 가르치는 좋은 선생님이니까 어울리는 커플이라고 생각해.

 식을 내월 중순에 올린다니 준비하느라 정신이 없을 것 같네. 내가 할 수 있는 일이 있다면 무엇이든 사양하지 말고 말해 줘.

 어제부터 급히 준비한 것이 있어. 네가 새로운 생활을 시작하는 기념으로 꼭 주고 싶어.

 가까운 시일에 가지고 갈게. 안녕히.

主な動詞・形容詞
똑똑한 → 똑똑하다
틀림없을 → 틀림없다
싶었어 → 싶다
갈께 → 가다

新郎が先輩に送る礼状

　私の結婚の知らせを聞いて、貴重な祝辞をしていただき、ありがとうございました。そのうえ、お祝いの贈物まで送って下さり重ねて感謝いたします。貴重な記念として身近に置き、その恩を忘れないようにいたします。

　生まれて初めて、自分の家庭を待ってみると、万事が初めて体験することなので、当惑することばかりで、前後を振り返ってみると、戸惑う場合が時どきあります。どうかこれからも、格別に指導して下さいますようお願いします。

　少し落ち着いたら、妻をつれてふたたびあいさつに伺うつもりです。

　差し当たって、ごあいさつだけ申し上げます。

신랑이 선배에게 보내는 답장

저의 결혼의 소식을 듣고 귀중한 축사를 해 주셔서 감사합니다. 게다가 축하 선물까지 보내 주셔서 고맙습니다. 귀중한 기념으로 신변에 두고 그 은덕을 잊지 않도록 하렵니다.

난생처음 자기 가정을 가지고 보니 만사가 처음으로 체험하는 일로서 당황스럽고 앞뒤도 몰라 망설여지는 경우가 때때로 있습니다. 아무쪼록 앞으로도 각별히 지도해 주시기를 신신당부 드립니다.

좀 안정이 되면 아내를 데리고 다시 인사드리러 갈 생각입니다.

위와 같이 우선 인사만을 드립니다.

主な動詞・形容詞
미안하기 → 미안하다
잊지 → 잊다

新婦が友だちに送る礼状

　私の結婚に対して、貴重な祝辞を送ってくださり、たいへんありがたく思います。

　私は学校を卒業したばかりで、まだ未熟な点も多いばかりか、これから何年か修養を積んだあとに結婚しようと思っていましたが、父があのように年老いているうえ、不便な体でもあるので、一日でも心配させないようにしなさいという恩師の言葉にしたがって、急いで決心した次第です。誰にも知らせなかったのですが、うわさを聞いて、祝って下さり、ほんとうに感謝しています。

　近い日に、親しい方がたを招待して、お酒でも一献ふるまおうと考えています。その時はふたたびお知らせします。これにて失礼します。

신부가 친구에게 보내는 답장

제 결혼에 대해서 귀중한 축사를 보내 주셔서 너무도 고맙게 생각합니다.

저는 학교를 갓 졸업해서 아직 미숙한 점도 많을 뿐더러 이제부터 몇 년간 수양을 쌓은 다음에 결혼하려고 생각하고 있었지만 아버님께서 연로하신 대다 몸이 불편하셔서 하루라도 걱정을 덜어드리라는 은사님의 말씀에 따라 급히 결심한 터입니다. 누구에게도 알리지 않았는데 소문을 듣고 축하해 주셔서 정말로 감사합니다.

가까운 시일에 친한 분들을 초대하여 술이라도 한 잔 대접하고자 합니다. 그 때 다시 안내해드리겠습니다. 이만 실례합니다.

主な動詞・形容詞
조잡한 → 조잡하다
고맙게 → 고맙다
하고자 → 하다

父が息子の仲人をしてくれた友人に送る礼状

　長男の永洙(ヨンス)の婚姻の時には、わざわざ来て手伝ってくれたおかげで、万事うまく運び、ほんとうにありがたく思います。

　とにかく初めてのうえ、本来ぶっきらぼうの小生なので、儀式などについて考えてみたこともなく、女房もただあたふたするばかりで、もしも貴兄がいらっしゃらなかったら、どんなしくじりを犯したかも知れません。貴兄が媒酌の役割を引き受けてくれたおかげて、最後まですべてが順調に進行しました。新婦の父親も「実に徳望のある、立派な方だ」と申していたほどです。

　この品物は、ほんとうに些少で、恥しいのですが、御礼と長男の結婚記念を兼ねて差し上げたく思います。受け取って下されば幸に思います。

아버지가 아들의 주례가 되어준 친구에게 보내는 답장

장남 영수의 혼인 때에는 모처럼 와주셔서 도와 주신 덕분으로 만사가 잘 진행되었음을 진심으로 고맙게 생각합니다.

어쨌든 처음 하는 일인데다 본래 무뚝뚝한 소생이므로 의식 등에 대해서 생각해 본 바가 없고 마누라도 그저 허둥댈 뿐이고, 만약에 형이 계시지 않았더라면 어떤 실수를 범했을지도 모를 일입니다. 형이 맡아 준 덕택으로 마지막까지 모든 것이 순조롭게 진행되었습니다. 신부의 부친도 「실로 덕망이 있으신 훌륭한 분이다」라고 말했을 정도입니다.

이 물품은 정말로 약소하여 부끄럽지만 사례와 장남의 결혼 기념을 겸해서 드리고 싶습니다. 받아 주신다면 감사하겠습니다.

主な動詞・形容詞
도와 준 → 돕다 + 주다
망설이고 → 망설이다

友人の息子の結婚を祝う

　聞くところによると、ご令息が良い縁で近々結婚式を挙げることになったとのこと、慶ばしいかぎりです。

　社会に進出した後に、すぐにこのような喜びを迎えることになり、ほんとうに本人をはじめ皆さま方が大満足のことだろうと思います。この喜びが長く続くことを願うと同時に、家門の繁栄を祝願します。

　お祝いの気持を込めて、服地一揃いを送ります。

　受け取ってくださることを願います。

친구 아들의 결혼을 축하하다

들은바 의하면 아드님이 좋은 연분이 생겨서 곧 결혼식을 올리게 되었다니 축하해 마지 않습니다.

사회에 진출한 후에 즉시 이런 기쁨을 맛보게 되어 정말 본인을 비롯하여 여러분 모두가 크게 만족하고 있으리라고 생각합니다. 이 기쁨이 오래 계속되기를 바람과 동시에 가문의 번영을 축원하겠습니다.

축하하는 마음을 담아서 양복감을 보내겠습니다.

받아 주시기 바랍니다.

> **主な動詞・形容詞**
> 들어보니 → 듣다
> 맛보게 → 맛보다
> 바랍니다 → 바라다

友人の令嬢の結婚を祝う手紙

　ご令嬢の美淑さんが、この度良縁が成立しめでたく結婚式を挙げることになり、皆様お喜びのことと、祝賀を申し上げます。

　鄭先生の息子さんの俊男君は、家門が良いうえに才徳兼備したしっかりした青年ですし、特に母親は優しい賢夫人なので、美淑嬢にとってほんとうに良かったと思います。

　早晩訪ねて、祝賀のあいさつを申し上げようと考えています。別途に送った品物は、ほんとうに些少ですが、祝賀の意味で受け取って下されば、この上なくうれしいです。

친구 딸의 결혼을 축하하는 편지

따님 미숙양이 이번에 좋은 연분을 만나 경사스럽게 결혼식을 올리게 되어서 모두가 기쁨에 차 있으리라고 믿으며, 축하를 드립니다.

정선생의 아드님 준남군은 가문이 좋은데다 재덕을 겸비한 똑똑한 청년이며 특히 모친께서는 살뜰한 현모양처로 미숙양에게는 정말 잘 된 일이라고 생각합니다.

조만간 찾아뵙고 축하의 인사를 드리려고 생각하고 있습니다. 별도로 보낸 물품은 정말 약소하지만 축하의 뜻으로 받아 주신다면 더없이 기쁘겠습니다.

※현모양처(賢母良妻)

主な動詞・形容詞
차 → 차다
찾아뵙고 → 찾아뵙다
드리려고 → 드리다

兄の結婚を祝う妹(から)の手紙

　お兄さん、今日、お母さんからうれしい便りが届きました。英子さんとの縁談が成立したとのことで、ほんとうにうれしいです。

　英子さんもどんなに喜んでいるでしょう。あの方の気持をよく知っている私としては、充分に彼女の胸のうちを察することができ、兄嫁が一人増えたと思うと、本当にうれしくてどうしてよいかわかりませんでした。

　式は4月3日に挙げると言うので、私も3月末日までには手伝いに行きます。夫も式には必ず出席すると言っています。

　ぜひ英子さんに、いえ、お姉さんに私の気持ちを伝えて下さい。これにて失礼します。

오빠의 결혼을 축하하는 여동생(으로부터)의 편지

오빠, 오늘 어머니로부터 반가운 소식이 왔습니다. 영자씨와의 혼담이 성사되었다니 정말 기쁩니다.

영자씨도 얼마나 좋아하고 있을까요? 그 분의 심정을 잘 알고 있는 저인만큼 충분히 그녀의 마음을 헤아릴 수 있으며, 올케가 한 사람 늘어난다고 생각하니 정말 기뻐서 어쩔 줄 모르겠습니다.

식은 4월 3일에 올린다고 하니 3월 말일까지는 도와드리러 가겠습니다. 남편도 식에는 꼭 참석하겠다고 말하고 있습니다.

부디 영자씨에게 아니, 올케에게 저의 마음을 전해 주세요. 이만 실례합니다.

主な動詞・形容詞
헤아릴 수 → 헤아리다
늘어난다고 → 늘어나다

🔎 妹の結婚を祝う兄(から)の手紙

　この度、尹先生の仲人で縁談が決まり、近々嫁に行くことになったことを、父の手紙で知った。何よりも祝賀にたえない。

　朴成進君は、尹先生の教え子の中でも、特に前途有望な青年学者だと聞き、おまえの幸福は言うにおよばず、年老いた父、母も喜ぶだろうと思うし、うれしい気持ちを禁じえない。

　ことさら、私が口出しするまでもないが、学者は物質的にはそれほど恩恵を受けられない場合が多いし、そのうえ私生活まで質素にしなければならないので、学者の妻になろうとすれば、相当の覚悟が必要だ。将来、朴君が学者として有名になるのも、世間の人々から尊敬される人間になるのも、半分は妻の責任だと思う。

　可能なことなら、兄として僕もすぐに駆けつけて相談相手になり、手伝いたいが、数百キロメートルも離れた異国に住んでいるうえに、仕事があるので思うようにならない。ただ心から祝賀し、少額の郵便為替を同封して送る。少しでも役に立てばうれしい。

여동생의 결혼을 축하하는 오빠(로부터)의 편지

 이번에 윤선생님의 중매로 혼담이 결정되어 곧 시집가게 되었음을 아버님의 편지로 알았다. 무엇보다도 축하해마지 않는다.
 박성진군은 윤성생님의 제자중에서도 특히 전도가 유망한 청년학자라 하니 너의 행복은 말할 것도 없거니와 연로하신 아버님 어머님도 기뻐하실 것이라고 여겨져 반가운 마음을 금할 수 없다.
 내가 말참견할 필요도 없지만, 학자는 물질적으로는 그다지 혜택받지 못한 경우가 많으며, 게다가 그 사생활까지 검약하여야 하므로 학자의 아내가 되려면 상당한 각오가 필요하다. 장차 박군이 학자로서 유명하게 되는 것도, 세상 사람들로부터 존경을 받는 사람이 되는 것도 절반은 아내의 책임이라고 생각한다.
 가능한 일이라면 오빠로서 나도 당장 가서 상담 상대도 되고, 도와주고 싶기도 하지만, 수백킬로나 떨어진 외국에 살고 있는데다 일이 있으므로 뜻대로 되지 않는다. 다만 마음속 깊이 축하하며, 소액 우편환을 동봉해 보낸다. 조금이나마 도움이 되었으면 기쁘겠다.

主な動詞・形容詞
결정되어 → 결정되다
금할 수 → 금하다

還暦の宴に出席できなかったお詫び

　還暦の祝賀宴に、私を招待してくださるとの招待状を今夜、米国出張から帰って拝見しました。わざわざ呼んでくださったご厚情、誠にありがたく思っています。

　家にいたならば、必ず出席し、栄光を祝賀しなければなりませんでしたが、不在のため、ほんとうに失礼しました。

　ふたたびない良い機会を逸し、誠に残念に思っています。今回は多少こみいった商談のために、一週間ほど留守にいたしました。お詫び申し上げます。

　近々一度お訪ねします。

　さようなら。

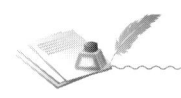

환갑연에 참석하지 못한 것에 대한 사과

회갑 축하연에 저를 초대하신다는 초대장을 오늘 밤 미국 출장에서 돌아와서 보았습니다. 모처럼 불러 주신 그 후정, 참으로 고맙게 생각하고 있습니다.

집에 있었다면 꼭 참석해서 영광을 축하해 드렸어야겠지만, 부재였기 때문에 참으로 실례했습니다.

다시 없는 좋은 기회를 놓쳐 참으로 유감이라 생각하고 있습니다. 이번에 다소 복잡한 상담때문에, 일주일 정도 집을 비웠었습니다. 죄송합니다.

근 시일에 한 번 찾아뵙겠습니다.

안녕히 계십시오.

※韓国語では、出席、参加のことをしばしば參席(참석)を使います。

主な動詞・形容詞
비웠었습니다 → 비우다
찾아뵙겠습니다 → 찾아뵙다 + 겠다

酒席での無礼のお詫び

　昨夜は、酒のせいで犯したしくじりとはいえ、顔向けできないご無礼を行いました。今朝、朴さんからことの仔細を聞き、身が引き締まり、何よりもまず書面をもってお詫び申し上げます。

　昨夜は、思わず暴飲をして、誰彼の見さかいもなくしくじりをしてしまいました。

　いつもながらのご厚意に対して、どれほど不快な思いをされたことかと、ただただ恐縮するばかりです。どうか一度だけ、お許しくださるよう祈ります。以後は必ず酒をつつしみ、かような失態は繰り返さないように誓って、お詫び申し上げる次第でございます。

（金斗相<ruby>　<rt>キムドゥサン</rt></ruby> 拝）

술자리에서의 무례를 사죄

 어젯밤에는 술 때문에 저지른 실수라고는 하나, 고개를 들 수 없는 무례를 저질렀습니다. 오늘 아침 박씨에게서 자세한 이야기를 듣고, 정신이 번쩍 들어, 무엇보다도 먼저 서면으로 사과드립니다.

 어젯밤에는 그만 폭음을 하여 저도 모르게 실수를 하였습니다.

 늘 베풀어주신 후의에 반해 얼마나 불쾌하셨을까 하고, 오직 죄송스러울 따름입니다. 부디 한 번만 용서해 주시기를 빕니다. 이후로는 반드시 술을 삼가하여 이런 실례를 두 번 다시 저지르지 않을 것을 맹세하고 사과드리는 바입니다.

(김두상 올림)

主な動詞・形容詞
사과드립니다 → 사과드리다
베푸시는 → 베풀다

謝礼を断わる

　ご厚意だけはありがたく頂戴いたしますが、貴下と私の間で、少しもそんな心配は必要ないものと思います。このたびのことは、平素私が、気にかけてくれたことへのお返しの気持ちでお手伝いさせていただいたのですから、けっしてそのような考えはなさらない方が、私としてはいいのです。このたびに限らず、今後何事であれ、このような心配はなさらないようにお願いします。

　誠に失礼なことではありますが、送ってくださったお金は、来月ソウル訪問時に返却いたしますので、あしからずお納め下さい。

　さようなら、今度ソウルでお会いするときまで…。

사례를 거절하다

 후의만은 고맙게 받겠습니다만, 귀하와 저 사이에서는 조금도 그런 걱정은 필요없다고 생각합니다. 이번 일은 평소 저를 보살펴 주신 대 보답하고자 하는 마음에서 도와드린 것이므로 결코, 그와 같은 생각은 하시지 않는 편이 저로서는 좋겠습니다. 이번에 한하지 않고, 앞으로도 무슨 일이든 이와 같은 걱정은 하시지 않기를 바랍니다.

 정말로 실례되는 일입니다만 보내주신 돈은 내달에 서울 방문시에 돌려 드리겠으니, 나쁘게 생각마시고 거두어 주시기 바랍니다.

 안녕히 계십시오. 이 번에 서울에서 뵐 때 까지….

主な動詞・形容詞
한하지 → 한하다
거두어 → 거두다

🔍 旅行の誘いを事情で行けないことを知らせる

　お誘いいただき、ほんとうにありがとうございました。紅葉の盛りの箱根は良いと聞いていたので、是非一度行ってみたいと思っていましたが、誘ってくださった日は、あいにく、母と父がうちへ、遊びに来ることになっていますので、このたびはお伴を遠慮させていただきたいと存じます。親切なお誘いを無にして、申し訳ございませんが、事情をご賢察のうえ、何卒ご了承下さい。

　皆様がにぎやかに楽しい旅行をなさるように祈りつつ。

여행 권유를 사정에 의해 가지 못함을 알리다

 권유해 주셔서 정말로 감사합니다. 단풍이 한창인 하꼬네는 좋은 곳이라고 들었기에 꼭 한번 가보고 싶다고 생각하고 있었으나, 권유해 주신 날은 공교롭게도 어머니와 아버지가 우리 집에 놀러 오시기로 되어 있어 이번에는 동반을 사양하고자 합니다. 친절한 권유를 헛되게 해서 죄송합니다만 사정을 알아주시고 부디 양해해 주십시오.

 여러분께서 다정하고 즐거우신 여행이 되시길 빌면서.

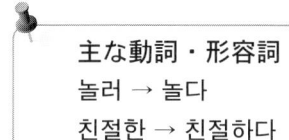

主な動詞・形容詞
놀러 → 놀다
친절한 → 친절하다

🔍 事情により紹介が出来ないという返事

　手紙によりますと、このたび職場が変わったそうですね。消息を聞くたびに、だんだんあなたの道が開かれていく様子を見て、なぜか私の怠慢がむち打たれる思いでございます。

　お話された金東一(キムドンイル)さんご紹介の件ですが、実は金さんは日本に用事ができ、先月初めに出発なさいました。

　金さんに是非、会いたいとおっしゃっていたので、お願いすることができたら、さぞお喜びになったであろうと思うと、残念でたまりません。そのような事情でございますので、どうかご了承下さいませ。

　役にたたなくて、本当に申し訳なく思っております。まずは、お返事まで。

사정에 의해 소개할 수 없다는 답장

편지에 의하면, 이번에 직장이 바뀌셨다고요. 소식을 들을 때마다 점점 당신의 길이 열려가는 모습을 보고 어쩐지 저의 태만이 매질 당하는 것 같은 생각이 듭니다.

말씀하신 김동일씨 소개의 건입니다만, 실은 김씨는 일본에 볼일이 생겨, 지난달 초에 떠났습니다.

김씨를 꼭 만나보고 싶다고 말씀하셨기에, 만났다면 기뻐하셨을 것이라고 생각하니 유감스럽습니다. 이런 사정이오니 부디 양해해 주십시오.

도움이 되지 않아 정말 죄송스럽게 생각하고 있습니다. 우선 답신 드립니다.

主な動詞・形容詞
유감스럽습니다 → 유감스럽다

誂えた洋服を催促する手紙

前略

先日、お願いした洋服、先週までに送ってくださるお約束でしたのに、今日まで何の知らせもなく、心配しています。そのとき、くれぐれもたのんだと思いますが、こんどの旅行に必ず必要なものなので、お忙しいと思いますが、必ず、間違いがないようにしてください。いつまで、送って下さるのか確かな日時を早く知らせてください。すぐにファックしてください。とりいそぎ、用件までにて。

맞춘 양복을 재촉하는 편지

전략

지난번 부탁드린 양복을 전주까지 보내주시도록 약속을 하였는데 오늘까지 아무런 소식도 없어 걱정을 하고 있습니다. 그때 신신당부를 했다고 생각됩니다만, 그것은 이번 여행에 꼭 필요한 것이므로, 바쁘시리라 생각되나 반드시 차질이 없도록 해 주십시오. 언제까지 보내주실 수 있는지 확실한 시일을 빨리 알려주십시오. 급하게 용건만으로.

🔍 男性からの誘いに答える女性の返事

　お手紙確かに受け取りました。

　何とお返事をしていいものやら、考えて悩んでいるうちに、いつしか1週間が過ぎてしまいました。私は貴方の真面目な態度を尊重し、貴方のきれいな心を傷つけたらいけないという思いで、心が一杯です。

　ですが私はいま、恋愛のような強いお気持ちを寄せられても、心の準備もできてなく、どうしてよいかわからない心境です。ただ、貴方の熱い情熱に対して返事をする義務があるように思います。

　ご指示のとおり、今度の日曜日午後1時頃に、大学路(テハンノ)のマロニエ公園前のコーヒーショップに行きます。

　とりあえず、ご返事のみ差し上げます。

権 恵淑(クォン ヘ スク)

2010年 10月 1日

남자로부터의 권유에 답하는 여자의 답신

편지 잘 받아 보았습니다.

어떻게 대답을 해야 좋을지 생각하고 고민하느라 어느덧 1주일이 지나가고 말았습니다. 저는 당신의 진지한 태도를 존중하고 당신의 깨끗한 마음에 상처를 입히지 않겠다는 생각만으로 가슴 벅차 있습니다.

그렇지만 저는 지금 연애 같은 기분으로 밀고 오시면 마음의 준비도 되어있지 않고 해서 갈피를 못 잡을 지경입니다. 다만 당신의 뜨거운 정열에 대한 대답을 해야 할 의무가 있다고 생각합니다.

말씀하신 대로 이번 일요일 오후 1시경에 대학로의 마로니에 공원 앞의 커피숍에 가겠습니다.

우선은 답장만 해 드립니다.

권혜숙

2010년 10월 1일

主な動詞・形容詞
밀어 → 밀다   드립니다 → 드리다
오신다면 → 오다   뜨거운 → 뜨겁다

女性が男性に対して会いたいという手紙

　失礼だとは知りながら、ちょっと認めようと思います。

　17日に思いがけず、あなたに初めて会いましたが、私はうれしくて、楽しく、半日をすごしました。

　初め南湖(ナムホ)さんからパーティーの招待状をいただいた時は、仕事がたまっていて、辞退しようかと思いましたが、やはり参加してよかったと思います。こんどは一対一で、あなたと会って、私の気持ちを知らせ、あなたの気持ちも知ろうと思いますが、都合はどうでしょうか。大きく障害がなければ、お互いの関係を少しずつ近づけたいと思います。

　一方的のようで、申し訳ありませんが、私のほうで日時と場所を決めようと思います。

　こんどの日曜日、午後1時頃にこの前会った明洞(ミョンドン)のコーヒーショップ「カッチ」まで来てください。

　この手紙を書こうかどうか1週間も考えた末に、思い切って書きました。返事をお待ちしています。

丁末純(チョンマルスン)より

여성이 남성에게 만나고 싶다는 편지

실례인줄 알면서도 몇 자 적겠습니다.

17일에 뜻밖에 당신을 처음으로 만났지만 반갑고, 기쁘고, 즐겁게 반나절을 보냈습니다.

처음에 남호씨로부터 파티의 초대장을 받았을 때는 일이 많아서 참석하지 않을 생각이었지만 역시 참가하길 잘했다고 생각합니다. 이번에 일대일로 당신을 만나서 저의 마음을 알리고 당신의 마음도 알아보고 싶은데 사정이 어떠신지요? 크게 장애가 없다면 서로의 관계를 깊게 하고 싶습니다.

일방적인 것 같아서 죄송하지만, 제쪽에서 일시와 장소를 정하겠습니다.

이번 일요일 오후 1시경에 전번에 만났던 명동의 커피 숍「까치」까지 와 주십시오.

이 편지를 쓸까말까 하고 1주일동안이나 망설인 끝에 큰 마음먹고 썼습니다. 답장을 기다리겠습니다.

정말순 드림

主な動詞・形容詞

적습니다 → 적다 쌓여 → 쌓이다
보냈습니다 → 보내다 썼습니다 → 쓰다
만났던 → 만나다

妹が母の病気を遠方にいる兄に知らせる

お兄さん、お元気?

吹雪が荒れる寒い冬ですね。

その後、お兄さんは、変りありませんか。

他でもなく、お母さんが3〜4日前から熱が出て、今日はさらに悪化し、食事もろくにできません。

近くの医者で診察を受けると、体の衰弱に風邪が重なったとのことです、注射と薬を服用しても、なかなか快方へ向かわないので、心配になってペンを執りました。

お兄さん!

お仕事のために時間がないことは知っていますが、できるだけ早く時間を割いて、一度来てくれたらと思います。驚くことと思いながら、知らせないわけにもいかなくて、このようにお便りします。

それではお兄さん! いらっしゃることを祈りつつ、これにて終わります。

2012年10月5日

淑姫拝(スクヒ)

여동생이 어머니의 병세를 멀리있는 오빠게에 알리다

오빠 잘 계세요?

눈보라가 몰아치는 추운 겨울이군요.

그 동안 오빠는 여전하시지요?

다름이 아니라 어머니께서 3~4일 전부터 열이 나시더니, 오늘은 더 악화되어 식사도 제대로 못하십니다.

근처 의사에게 진찰을 받으니, 몸이 약하신데다 감기에 걸렸다고 합니다. 주사와 약을 복용하셨지만, 좀처럼 차도를 보이지 않으니, 마음이 답답하기에 펜을 들었어요.

오빠!

직장 일 때문에 시간이 없으실 줄은 알지만, 가급적이면 빨리 시간을 내셔서 한 번 오셨으면 해요. 놀라실 줄 알지만, 알리지 않을 수 없어서 연락드립니다.

그럼 오빠! 오시기만을 기다리며, 이만 하겠습니다.

2012년 10월 5일

숙희 올림

主な動詞・形容詞

몰아치는 → 몰아치다	악화되시어 → 악화되다
오시기만 → 오다	기다리며 → 기다리다

🔎 入院している友へ

永植(ヨンシク)、まず悪かったという話から先にしなければならないようだ。

君が交通事故で入院してからすでに1か月が過ぎたという消息を、昨日の夕方になって初めて聞いた。

どの程度の負傷なのか、くわしくは知らないが、入院して1か月になるというから、大きな傷を負ったのではないかと、心配している。

後日のために、あせらずゆっくりと休養に行ったつもりで、一日一日を送るように望む。

ここのお前(君)の家族は皆元気だから、何も心配するな。それから、急なことがあれば、僕は時間ができしだい手伝っているから、お父さんの仕事も心配するな。

今度の土曜日に、君が入院している病院に立ち寄るよ。

それじゃ、話は会ってからすることにして、今日はこれまでにする。

承元(スンウォン)より

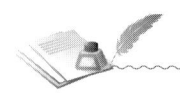

입원하고 있는 친구에게

 영식아, 우선 미안하다는 얘기부터 앞세워야 하겠다. 네가 교통 사고로 입원한 지가 벌써 1개월이 넘었다는 소식을 어제 저녁에야 비로소 들었다.

 어느 정도 부상인지 자세히 모르나, 입원한지 한 달이 되었다니 크게 다치지 않았는지 걱정된다.

 앞날을 위해서, 마음 편히 휴양 간 기분으로 하루 하루를 보내기를 바란다.

 이곳 너의 집안은 모두 무고하니, 아무 염려 말아라. 그리고 바쁜 일이 있으면 내가 시간 나는 대로 돕고 있으니, 아버님 사업도 염려하지 말아라.

 오는 토요일에 네가 입원하고 있는 병원에 들릴께.

 그럼, 자세한 얘기는 만나서 하기로 하고 오늘은 이만 하겠다.

승원이로부터

主な動詞・形容詞
들릴께 → 들다

揺れ動く女心の手紙

朴英一(パクヨンイル)さん!

何度も送ってくれた手紙、確かに受け取りました。いまになって返事を差し上げることをお許し下さい。

初めて手紙をもらったとき、胸がドキドキして何かの罪でも犯したようで、貴方が悪党のように思ったのも事実です。

男性の方から手紙を受け取ったのは初めてのことなので…。しかし、二度三度受け取ると、次第に私の心もほぐれてきました。

返事をする勇気はなかったのですが、いまようやく勇気が生まれました。それから私も貴方に会ってみて、印象が良かったし、好感をもったことだけは事実です。おそらく貴方も目配せ、表情などからそのことを察知したでしょう。ですから私は、ためらいながらも、貴方にこの手紙を書くようになったのです。

女心はデリケートです。また、微妙だとも言えるでしょう。それだけに、私は貴方に返事を出しますが、会うことは致しません。お許し下さい。

重ねて言いますが、それが揺れ動く女性の気持ちだとわかってください。失礼します。

貴方の健康と幸せを祈ります。

金美淑(キム ミスク) 拝

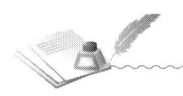

흔들리는 여심의 편지

박 영일씨!

여러 번 보내주신 편지는 잘 받았습니다. 이제야 회답 드리는 걸 널리 용서해 주시기 바랍니다.

처음 편지를 받았을 때, 가슴이 두근거리고 무슨 죄라도 짓는 것 같았고, 당신을 악당처럼 생각한 것도 사실이었습니다.

남자분에게 편지를 받아보기는 처음인 까닭이라… 그러나 두 번 세 번 받으니, 차차 제 마음도 풀렸습니다.

회답할 용기는 없었지만, 이제는 용기가 생겼습니다. 그리고 저도 당신을 만나뵙고, 인상이 좋았고 호감을 가졌던 것만은 사실입니다. 아마 눈짓 표정에서 당신도 그것을 눈치채셨겠죠? 그렇기 때문에 저는 머뭇거리는 마음이 있긴 했으나 당신에게 이 편지를 쓰게 되었던 것입니다.

여자의 마음은 델리케이트합니다. 또 미묘하다고 할 수 있죠. 그런만큼 저는 당신에게 답장을 드리기는 하지만 만나뵙지는 않겠습니다. 용서하세요.

거듭 말하지만 이것이 머뭇거려지는 여자의 마음이라고 알아 주십시오. 실례했습니다.

당신의 건강과 행복을 빌겠습니다.

김미숙 올림

主な動詞・形容詞
받았습니다 → 받다　　만나뵈어 → 만나뵈다

ボーイフレンドからガールフレンドへ

愛する恩愛(ウネ)さん!

ソウルに無事到着しました。

今日の朝早く、釜山(プサン)駅まで見送りに来てくれて、どんなにうれしかったかわかりません。しかし列車が離れるとき、貴女がハンカチを振りながら、それで涙をふくのを見たときは、私もとても悲しい気持ちになりました。

愛する女(ひと)が離れていくほど、悲しいことはないと思いました。

2年前に偶然、釜山で貴女に会って愛するようになったことは、天のおかげだと言えましょうか。貴女と2年近く、釜山のそこかしこを一緒に歩いた思い出が、今さらながら思い出されます。それなのに突然このように離れ離れになるなんてたまりません。私がふたたび釜山に行くか、貴女がソウルに来るかしなければ、がまんできません。1日だけでも会わなかったらこうなのですから、今後どのように過ごせるというのでしょうか。恩愛さんもおそらくそうだと思います。いまのこの時間に貴女はどこで何をしているのか知りませんが、心では私を思っていると信じます。

愛する恩愛さん!

夜は深まっていきます。釜山は暖いでしょう。ここはまだ寒いです。この手紙を読んですぐに返事をください。

2010.10.20　修一(スイル)

남자친구가 여자친구에게

사랑하는 은애씨!

서울에 무사히 도착하였습니다.

오늘 아침 일찍 부산역까지 전송나와 주셔서 얼마나 기뻤는지 모릅니다. 그러나 열차가 떠날 때 당신이 손수건을 흔들다가 눈물을 닦는 것을 볼 때는 나도 몹시 슬픈 기분이 되었습니다.

사랑하는 이가 떠나는 것 보다 슬픈 건 없다고 생각하였습니다.

이년 전에 우연히 당신을 부산서 만나서 사랑하게 된 것은 하늘님 덕이라고나 할까요. 당신과 이년 가깝게 여기저기를 함께 다니던 추억이 새삼스럽게 생각납니다. 그런데 갑자기 이렇게 서로 떨어지니 마음을 진정할 길 없습니다. 제가 다시 부산에 가던지 당신이 서울로 오던지 해야지 못견디겠습니다. 하루만 못 보아도 이런데 장차 앞으로 어떻게 지낸단 말입니까? 은애씨도 아마 그럴 줄 압니다. 지금 이 시간에 당신은 어디서 무엇을 하고 있는지 모르지만 마음만은 저를 생각하고 있을거라고 믿습니다.

사랑하는 은애씨!

밤은 깊어갑니다. 부산은 따뜻하지요? 여기는 아직 춥습니다. 이 편지를 읽으면 곧 답장을 주세요.

2010. 10. 20 수일

主な動詞・形容詞
전송나와 → 전송나오다
기뻤는지 → 기쁘다
다니던 → 다니다
새삼스럽게 → 새삼스럽다
지낸단 → 지내다
깊어갑니다 → 깊다 + 가다
춥습니다 → 춥다

🔍 男性から女性へのラブレター

順愛(スネ)さんへ

ボクのこの気持ちを順愛さんに伝える術がなくて、辛いです。今日も昨日も、いや明日もボクの気持ちは順愛さんに向っています。

順愛さん! 順愛さんがボクのこの燃える心をわかって下さらなくてもかまいません。順愛さんを愛することだけで、ボクは満足です。愛とは、与えることだけでも幸せです。それほどボクは順愛さんだけを愛しています。

順愛さん! 順愛さんの思い通りにして下さい。順愛さんの気持ちは順愛さん自身がよりよく知っているからです。いくらボクが順愛さんを慕うと言っても、順愛さんがボクの順愛さんに向かっているこの気持ちを受け入れてくれなければ、それはつまらない片思いにすぎません。ですが順愛さん、ボクの真の心がいかなるものかをもう一度考えて下さり、理解して下さい。あまりに身勝手なお話ですが、可能ならばボクの愛を拒絶しないで受け入れて下さい。ボクが望む願いはひたすらそれだけです。ボクは語りつくせない情熱と、すべての誠実さを傾けて、順愛さんだけを愛します。

順愛さん! 時間が許せば、簡単にボクの手紙の返事をお願いします。

これでペンを擱(お)きます。

秀英(スヨン)拝

남성으로부터 여성에게의 러브레터

순애씨에게

애타는 저의 마음을 순애씨에게 전할 길이 없어 괴롭습니다. 어제도 오늘도, 아니 내일도 저의 마음은 순애씨에게로 향하고 있습니다.

순애씨! 순애씨가 저의 이 불타는 마음을 모르셔도 됩니다. 순애씨를 사랑하는 것만으로도 저는 만족합니다. 사랑이란 주는 것만으로도 행복합니다. 그토록 저는 순애씨만을 사랑합니다.

순애씨! 순애씨의 마음 내키는 대로 하세요. 순애씨의 마음은 순애씨 자신이 더 잘 아실 테니까요. 아무리 제가 순애씨를 사모한다 하여도, 순애씨께서 저의 당신을 향한 이 마음을 받아주지 않으신다면 그것은 부질없는 짝사랑에 불과합니다. 그렇지만 순애씨, 저의 진심이 어떤 것인지를 다시 한번 생각해 주시고 이해해 주세요. 너무 염치없는 말입니다만, 가능하시면 저의 사랑을 거절하시지 말고 받아 주세요. 제가 바라는 소원은 오직 그것뿐입니다. 저는 말할 수 없는 정열과 온 정성을 다 하여 순애씨만을 사랑합니다.

순애씨! 시간이 허락된다면 간단히 저의 편지에 답장 부탁드립니다.

이만 펜을 놓겠습니다.

수영 드림

簡単なビジネス文

韓国は古くから儒教の国です。ですから文を尊びます。文章を上手に書く人は、とくに尊敬を受けています。儒教はご存知のように中国から伝えられただけに、漢字で記されています。漢字の文言やことばは韓国では古くから使われており、手紙の文章にもそうした言い回しがたくさん入っています。

　しかし戦後、韓国では漢字に代ってハングルが多用され、一般化するにつれ、漢文独特の言い方は少しずつなくなっています。

　かつては「拝啓」や「拝敬」、「敬白」、「冠省」など日本の手紙と同じ漢字の熟語が使われていましたが、最近ではあまり使われていません。

　現在は手紙の頭に、〇〇〇님(ニム)、〇〇〇앞(アプ)、〇〇〇선생님 앞(ソンセンニム アプ)と書くのが一般的です。なお、님(ニム)は「様」、앞(アプ)は「前、様」、선생님 앞(ソンセンニム アプ)は「先生様」ほどの意味です。とにかく、님はよく使います。사장님(サジャンニム)(社長様)、부장님(ブジャンニム)(部長様)、사모님(サモニム)(師母様、先生や目上の人の奥様のこと)などです。また、私信の場合は、사랑하는(サランハヌン)(愛する)や친애하는(チネハヌン)(親愛なる)といった形容語句をつけたりします。

また、手紙の終わりには、○○○부터、○○○올림
などがよく使われます。부터は「より」、올림は「差
し上げる」といった意味です。もちろん、올림は目上
の人に出すときに用います。

　「ビジネス文」の実例には、以上あげた形式語句は
省いたことを、断っておきます。メールなどは、さら
に簡略化されています。

　本文の9ページから15ページを参考にしてください。

　なお、実際にハングルでビジネス文を書くときは、
目的に応じて必要個所を変えるといいでしょう。

📬 就職のあいさつ

　久しぶりにお手紙いたします。この間のご無沙汰していたことをお許し下さい。日一日と暖くなっていく今日この頃、叔父さんはじめ、家族の皆さんもお元気のことと存じます。

　私はこのたび、無事に大学を卒業し、A商事の東京本社営業部で働くことになりました。勤務はこの4月1日からです。落着いたら叔父さん宅を一度訪ねて行きたいと思っています。よろしくお願いします。

　今日は簡単ながら、近況報告のみさせていただきます。それでは、さようなら。

취직 인사

오래간만에 편지를 씁니다. 그간 소식이 없었던 것을 용서해 주십시오. 하루 하루 따뜻해지고 있는 이 무렵 숙부님을 비롯하여 가족 여러분도 건강하시리라 생각합니다.

저는 이번에 무사히 대학을 졸업하고 A상사 도쿄본사 영업부에서 일하게 되었습니다. 근무는 이번 4월 1일부터입니다. 안착되면 숙부님댁에 한번 찾아 갈 생각입니다. 잘 부탁드립니다.

오늘은 간단히 최근 보고만 드립니다. 그러면 안녕히 계십시오.

📮 転任のあいさつ

　平素のご指導、ご便撻に感謝しております。

　このたび、東京本社からソウル支社長に転任して、すでに二週間が過ぎました。ごあいさつが遅れまして、誠に申し訳ありません。

　ソウルには学生の時に一度友人と行ったことがありますが、初めて来たときのように、右も左もわからない状況です。前任者から一般的な事務引き継ぎはありましたが、もとより不足な点が多いはずです。ソウル経験の長い先輩諸兄に、是非とも、ご指導、ご教示を願いたいと思っております。

　つきましては、次のソウル日本人会には、必ず出席する所存でありますので、そのときはよろしくお願いします。

전임 인사

평소의 지도 편달에 감사드립니다.

이번에 토쿄본사로부터 서울지사장으로 전임하여 벌써 이주일이 지났습니다. 인사가 늦어서 대단히 죄송하게 되었습니다.

서울에는 학생 때에 한 번 친구와 같이 간 적이 있습니다만, 처음 왔을 때처럼 앞뒤도 모르는 형편입니다. 전임자로부터 일반적인 사무인계는 있었으나, 원래 부족한 점이 많습니다. 서울 경험이 오래되시는 선배 선생님들에게 꼭 지도 교시를 받았으면 합니다.

이에 다음 서울일본인회에는 반드시 참석할 생각이오니 그때는 잘 부탁드립니다.

🚩 退職のあいさつ

　朝毎に冷気が身にしみるようになり、秋も深まっているこの頃、いかがお過しですか。

　このたび私は、12年間勤めてまいりましたB銀行を、一身上の都合で、退職することになりました。

　顧みますと、この12年間は私の人生で、もっとも激しく、かつ楽しく、また人間として最も成長した一日一日でした。未熟な私が一個の社会人として、まがりなりにも世間に通用したのは、ひとえに皆様方のおかげによるものです。

　今後は、これまでの経験を生かし、亡父の遺した事業を発展させていこうと思っています。そして今後、壁にぶち当当たったりすることがある時には、どうかお助け下さい。

　当は、東京から遠いように思われがちですが、特急に乗れば1時間ならば着きます。近くには有名な庭園や、自然豊かな景色がありますので、お近くにおいでのときは是非ご連絡して下さい。

　書面にて、簡単ですがあいさつを申し上げる次第です。

퇴직 인사

아침마다 추위가 심해지고 가을도 깊어가는 이쯤, 어떻게 지내십니까?

저는 이번에 12년 간 근무해온 B은행을 일신상의 사정으로 그만두게 되었습니다.

돌이켜 보면 이 12년 간은 제 인생에서 가장 격심하고, 즐겁고 또한 인간으로서 가장 성장한 하루 하루였습니다. 미숙한 제가 한 명의 사회인으로서 세상에 통한 것도 오로지 여러분들의 덕분입니다.

앞으로는 지금까지의 경험을 살려 선친이 남긴 사업을 발전시키려고 생각하고 있습니다. 그리고 이후 벽에 부딪히는 일이 있을 때에는 부디 도와 주십시오.

여기는 도쿄에서 멀다는 감이 있으나, 특급을 타면 한 시간이면 도착합니다. 근처에는 유명한 정원이나, 자연이 풍부한 경치가 있으니 근처에 오실 때에는 반드시 연락해 주십시오.

서면으로 간단하지만 인사를 드리겠습니다.

※그만두다는,「止める、辞める、辞す」。퇴직하다는,「退職する」。

📬 支店開設のあいさつ

　いつもながら、格別なお引き立てにあずかり、厚くお礼申し上げます。私どもの会社も皆様方のおかげをもちまして、順調に発展してまいりました。
　この4月初めには、ソウル支店に続き、釜山にも支店を開設することになりました。これもひとえに、皆様方のお力添えがあってのことと感謝いたしております。
　なお釜山支店には、本社営業部長の南田利夫が赴任することになります。
　なにぶん、慣れない地なので、よろしくご指導いただければ幸いです。
　簡単ながら、書状をもってあいさつする次第です。

📬 新会社設立のお知らせ(案内)

　ごきげんいかがですか。
　新年あけましておめでとうございます。
　貴社におかれましては、ますますご清栄のことと心よりお慶び申し上げます。また平素は格別のご高配を賜り厚く御礼申し上げます。
　さて、このたび弊社はこれまでの蓄積したノウハウを生かし、旅行業を専門とする支店を東京および広島に開設し、2月1日から営業を開始するはこびとなりました。
　このたび設立しました旅行社会は厳選されたゴルフ・ツアーや各種イベントなどのプレミアム旅行をご提供することにより、益々のお客様満足度の向上をはかってまいる存在ですので、何卒、温かいご支援ご指導を賜わりますようお願い申し上げます。
　まずは、略儀ながら書中をもって、ご案内申し上げます。

株式会社KOS
東京支社
〒105-6234　東京都中央区築地2-5-1築地
　　　　　　TEL：03−8425−0000　FAX：03−8425−000
　　　　　　代表取締役　李　康洙(ガンス)

지점 개설 인사

언제나 각별히 보살펴 주셔서 정말로 감사합니다. 저희 회사도 여러분들 덕분에 순조롭게 발전해 왔습니다.
사월초에는 서울지점에 이어서 부산에도 지점을 개설하게 되었습니다. 이것도 오로지 여러분들의 도움이 있었기에 된 것으로 감사드립니다.
또한 부산 지점장에는 본사 영업부장인 미나미다 토시오가 부임하게 되었습니다.
여러모로 익숙하지 않은 지역이니 잘 지도해 주시면 감사하겠습니다.
간단하지만 서면으로 인사드리겠습니다.

신 회사 설립의 알림(안내)

삼가 아뢰옵니다.
신년 새해 복 많이 받으세요.
귀사의 번영을 진심으로 축하드립니다. 또 평소 각별히 배려해주신 점에 감사의 말씀을 드립니다.
그런데 이번에 폐사는 지금까지 축적한 노하우를 살려 여행업을 전문으로 하는 지점을 도쿄와 히로시마에 개설하고 2월 1일부터 영업을 시작하게 되었습니다.
이번에 설립한 여행 회사는 엄선된 골프투어와 각종 이벤트 등의 프리미엄 여행을 제공하여 더욱 고객 만족도의 향상을 도모할 예정이오니, 따뜻한 지원과 지도를 부탁드립니다.
결례이지만 서문을 통해 먼저 안내 말씀드립니다.
삼가 말씀 드렸습니다.

주식회사 KOS
도쿄지사
〒105-6234 도쿄도 추오구 츠키지(東京都中央区築地)
　　　　　　TEL : 03-8425-0000　FAX : 03-8425-0000
　　　　　　대표　이 강수

📬 照会

　貴社のますますのご発展を祈りながら、お手紙をしたためております。

　ところで、貴社で販売している婦人用のアクセサリーについてですが、商品全体がわかるカタログを送って下さい。また、取引き条件などについて、詳しく知らせて下されば幸いです。ご多忙中、申し訳ありませんが、至急送って下さい。よろしくお願いする次第です。

📬 照会の返事

　お問い合せのお手紙、確かに受け取りました。小社でつくっている婦人用のアクセサリーの種類は、同封のカタログの通りです。契約期間、販売価格などについては、書面でお答えするには、限度があります。お支払い方法などによって、販売価格に幅があります。また、貴社を初めて知るわけですから、貴社の会社案内やホームページなどがあれば、さらに対応がしやすいかと思います。

　韓国と日本の間はけっして遠くないので、書信の交換をはじめとして、直接お会いして懸案を処理していくのも良いかと思います。

　この件の窓口は、営業一課の宮田健一が任されていますので、今後は宮田宛にお問い合わせ下されば幸いです。

조회

 귀사가 더욱더 발전하길 바라며 편지를 쓰고 있습니다.
 그런데 귀사에서 판매되고 있는 부인용 악세사리에 관한 상품 전체를 알 수 있는 카달로그를 보내 주시기 바랍니다. 또한 거래 조건등에 대하여 상세히 알려 주시면 감사하겠습니다. 바쁘신 와중에 죄송하지만 속히 보내주십시오. 부탁드립니다.

조회의 답서

 문의하신 편지 잘 받았습니다. 저의 회사에서 만들고 있는 부인용 악세사리 종류는 동봉한 카달로그와 같습니다. 계약기간, 판매가격등에 관해서는 서면으로써 답하기에는 한도가 있습니다. 지불 방법등에 따라 판매가격에는 폭이 있습니다. 또한 귀사를 처음으로 아는 형편이니 귀사의 회사안내나 홈페이지 등이 있으시면 더 쉽게 대응할 수 있으리라 생각됩니다.
 한국과 일본은 결코 멀지 않으니, 서신교환을 시작으로 직접 만나서 현안을 처리해 나가는 것도 좋다고 생각합니다.
 이 건의 창구는 영업1과 미야타 켄이치가 맡고 있으니 앞으로 미야타 앞으로 문의해주시면 감사하겠습니다.

📫 取り引き

　高級麻地についての貴社より送っていただいた9月15日付見積書、間違いなくり受け取りました。しかし、貴社の見積りでは採算が合いません。現在、韓国ではとくに人件費が大幅に高くなり、麻地のように人手による生産品はさらに値上りが激しいのです。

　貴社とはこれまでの関係もあり、お得意様ですが、韓国での事情も考慮され、従来の取引き価格の8％を値上げして下さるよう、よろしくお願い申し上げます。

　折返し、ご承諾の回答をお待ち申し上げます。

✒ 事務所(会社)移転のあいさつ

　春たけなわの今日この頃、皆様におかれましては、ますますご清栄のこととお慶び申し上げます。

　私どもの事務所(会社)は、この度、10年間所在した神田から、渋谷へと移転することになりました。新住所および、新しい電話番号、FAX、ホームページ、メールなどは下記の通りです。新住所を転記して下さるようお願いする次第です。

　今後とも、一層のご指導、ご鞭撻をお願いいたします。

거래

고급 삼베에 관한 귀사에서 보내주신 9월 15일자 견적서 틀림없이 받았습니다. 그러나 귀사의 견적으로서는 채산이 맞지 않습니다. 현재 한국에서는 특히 인건비가 대폭 상승하여 삼베같은 수작업품은 더욱 가격 인상이 큽니다.

귀사와는 지금까지의 관계도 있고 단골이기도 합니다만, 한국에서의 사정도 고려하시어 종래 가격의 8%를 인상해 주시기 바랍니다.

바로 승낙의 회답을 기다리는 바입니다.

사무실(회사) 이전의 인사

봄도 한창인 요즘 여러분께서도 더 한층 만강하시리라 생각됩니다.

저희 사무실(회사)은 이번에 10년동안 있었던 칸다에서 시부야로 이전(이사)하게 되었습니다. 새로운 주소 및 새로운 전화번호, FAX(팩스), 홈페이지, 메일등은 아래와 같습니다. 새로운 주소로 변경해 주시기 바랍니다.

앞으로도 더 많은 지도 편달을 부탁드립니다.

販売状況の問合せ

　先般は、わが社の製品をお買い求めいただき、誠にありがとうございました。本製品は日本でもとても評判がよく、とくに若者、青年学生に人気があります。韓国での評判はいかがでしょうか。

　今日は、この3ヵ月間の売れ行き状況と在庫について、詳しい調査があれば、今後の資料に活用したいと思い、手紙を差し上げる次第です。

　また、本製品は日本人用に開発したものですから、韓国の消費者の意見も合せて知らせて下されば幸いです。回答をお待ちしております。よろしくお願いいたします。

판매 상황 문의

지난 번에 저희 회사 제품을 구입해주셔서 대단히 감사합니다. 본 제품은 일본에서도 굉장히 평판이 좋고, 특히 젊은이 청년 학생에 인기가 많습니다. 한국에서의 평판은 어떻습니까?

오늘은 지난 3개월간의 판매 현황과 재고에 대한 상세한 조사가 있으면 금후의 자료로 활용하고 싶어서 편지를 드리는 바입니다.

또한 본 제품은 일본인용으로 개발한 것이니 한국의 소비자들의 의견을 아울러 알려주시면 감사하겠습니다. 회답을 기다리겠습니다. 잘 부탁드립니다.

🏷 販売状況の問合せに対する返事

　お問い合せありがとうございます。ご心配いただき、恐縮に存じます。売れ行き状況はとても良好で、当初の予想をはるかに越えています。現在、在庫は、仕入れの10％程度しか残っていません。全国の販売店に陳列しているものを合せて、今日現在で、20％に少し欠ける程度です。

　この3ヵ月で、4万個(全体の80％)が売れた計算になります。この勢いでは、今月中に追加注文をしなければならないかも知れません。詳細については、改めてお知らせしたく思っております。

　なお、韓国における消費者も過半数は若者が占めているという報告が入っております。これについては、詳細なデータがないので理解下さい。しかし、韓国と日本は、歴史的にも文化的にもよく似た面が多いので、商品に対する好みもよく似ていると思って差し支えないと思います。

　今後とも、よろしくお願いします。

　向寒の折、お体にお気をつけ下さい。

판매상황의 문의에 대한 답서

 문의 감사합니다. 걱정해 주셔서 감사합니다. 판매상황은 대단히 좋고, 애당초의 예상을 훨씬 넘고 있습니다. 현재 재고는 매입의 10% 정도 밖에 남아 있지 않습니다. 전국의 판매점에 진열되어 있는 것을 합하면 오늘 현재로 20% 조금 모자라는 정도입니다.

 지난 삼개월 동안에 4만개(전체의 80%)가 팔린 셈이 됩니다. 이 추세로는 이달 중에 추가 주문을 해야 될지도 모르겠습니다. 자세한 사항은 다시 알려드리겠습니다.

 또한 한국에서의 소비자도 과반수를 젊은이들이 차지하고 있다는 보고가 들어와 있습니다. 이에 관해서는 상세한 데이터가 없으므로 이해해 주십시오. 그러나 한국과 일본은 역사적으로도 문화적으로도 아주 유사한 점이 많으니 상품에 대한 기호가 매우 비슷하다고 생각해도 틀림없다고 생각합니다.

 앞으로도 잘 부탁드리는 바입니다.

 추워지는 날씨에 건강에 유의해 주십시오.

🚩 LC開設を知らせる

お元気のことと存じます。

先般お問い合せのLCについて、本日○○銀行○○支店を通じて、貴社指定の○○銀行○○支店に開設いたしましたので、ご連絡する次第です。

用件までにて、失礼いたします。

🚩 注文品の督促(催促)

その後、貴社はますますご発展のことと存じます。

さて、先日注文した品物ですが、予定日をすでに一週間も過ぎたのにまだ届いておりません。所轄の税関に問い合せたところ、日本にまだ着いていないと言っています。韓国内における運搬状況などを調査して、ご連絡して下されば幸いです。

よろしくお願い申し上げます。

> 以上のような簡単な文例は、メールやファックスでも使えます。以下、状況に応じて利用してください。

LC개설을 알림

안녕하셨습니까?

지난번 문의하신 LC건은 오늘 ○○은행 ○○지점을 통해서 귀사 지정인 ○○은행 ○○지점에 개설하였으므로 연락드리는 바입니다.

용건만으로 실례하겠습니다.

주문품의 독촉(재촉)

그후 귀사가 더 한층 발전하고 있으리라 믿습니다.

그런데 지난번 주문한 상품입니다만, 예정일을 이미 일주일이나 지났는데도 아직 도착하지 않고 있습니다. 관할 세관에 문의했더니 일본에는 아직 도착하지 않았다고 말합니다. 한국 국내에서의 운반 상황등을 조사하여 연락해 주시면 고맙겠습니다.

잘 부탁드립니다.

이상과 같은 간단한 문례는, 메일이나 팩스에도 쓸 수 있습니다. 이하, 상황에 따라서 사용해 주십시오.

📬 注文品の督促に対する返事

　注文品督促についてのお手紙、確かに受け取りました。商品の到着が遅れまして、誠に申し訳ありません。釜山郊外で、積荷トラックの交通事故が発生し、新たにまたソウルから商品を発送しましたので、10日ほど遅れることになりました。ご了解下さい。

　この事故につきましては、当日、部下に貴社への連絡を指示しておいたのですが、それがうまくなされていなかったようです。重ね重ね不手際をお詫び致します。

　今後ともご指導、ご鞭撻をお願いする次第です。

📬 代金の請求

　その後、お元気のことと存じます。

　先日、連絡しました昨年末までの支払いの件ですが、いまだ指定の銀行口座に振込まれていません。契約上では、商品到着次第、口座に支払われることになっています。契約どおりにしていただきたいと存じます。先日も、この件で電話したところ、担当者がいないということで、通話できませんでした。

　今後は、こうしたことがないよう、よろしくお願いします。

　貴社のますますのご発展をお祈り申し上げます。

주문품의 독촉에 대한 답변

 주문품 독촉에 대한 편지 틀림없이 받았습니다. 상품도착이 늦어져서 대단히 죄송합니다. 부산 교외에서 적하 화물차의 교통사고가 발생하여 새롭게 다시 서울에서 상품을 발송했습니다. 10일쯤 늦어질 것입니다. 양해해 주십시오.
 이 사고에 관해서는 당일 부하에게 귀사로 연락을 취하도록 지시했는데 그것이 잘 안 된 것 같습니다. 거듭 실수한 것을 사과드립니다.
 앞으로도 지도편달을 부탁하는 바입니다.

대금 청구

 그간 잘 계셨으리라 생각됩니다.
 요전에 연락한 작년말까지의 지불 건이 아직까지 지정 은행계좌에 들어오지 않고 있습니다. 계약상으로는 상품이 도착하자마자 계좌에 지불하기로 되어 있습니다. 계약대로 해주시면 합니다. 일전에도 이 건으로 전화하니 담당자가 계시지 않다고 해서 통화할 수 없었습니다.
 앞으로 이런 일이 없도록 잘 부탁드리겠습니다.
 귀사가 더욱더 발전하시기를 기원합니다.

値引き交渉

　もう一度お手紙差し上げます。

　先日送ってもらいました、商品カタログと価格表の件ですが、商品番号1007Aと、47Bを御売り価格の10％引きすることはできないでしょうか。この点が合意されれば、千個単位で、輸入したいと思っております。

　よろしく、ご検討くださるようお願いします。

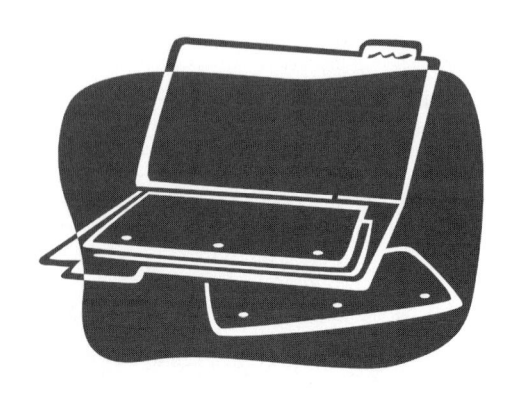

값을 깎는 교섭

다시 한번 편지를 드립니다.

지난 번 보내주신 상품 카달로그와 가격표 건입니다만, 상품번호 1007A와 47B를 도매 가격의 10% 인하할 수 없겠습니까? 이 점이 합의되면 천개 단위로 수입하고 싶습니다.

잘 검토해 주시길 바랍니다.

よく使うメールの顔文字

^^	笑い	웃음
*^^*	当惑	당황
T.T	悲しみ	슬픔
-;	困惑	곤란
^^;	困惑	곤란
(--)(__)	あいさつ	인사
(*^-----^*)	幸せ、いい雰囲気	행복, 좋은 분위기
@.@	めまい	어지럼
^.^	かわいい	귀엽다
~.^	ウインク	윙크
\(^0^)/	万歳	만세

ビジネスメールとファックスの実例

東京はすっかり秋です。ソウルは天高く、すがすがしい季節になったことでしょう。4日後の11月20日、商品買いつけのためにソウルを訪ねる予定です。この度も、ご案内宜しくお願いいたします。それでは。

동경은 완전히 가을입니다. 서울은 하늘이 높고, 시원한 계절이겠군요. 4일 후인 11월 20일 상품구매를 위해 서울을 방문할 예정입니다. 이번에도 안내를 부탁드립니다. 그럼 이만.

先日、明洞の店で買ったメガネ、実は欠陥商品だったので、時間があったらそちらへ行って、取り替えできるか、聞いてみて下さい。この土曜日にソウルに行きます。よろしくお願いします。

일전에 명동의 가게에서 산 안경, 실은 불량이어서, 시간이 있으시면 그 쪽에 가서 바꿀 수 있는지 물어 봐 주십시오. 이번 토요일에 서울에 갑니다. 잘 부탁드립니다.

その後、お元気のことと存じます。
待ちに待った商品、今朝(11月28日)11時にやっと税関を通過しました。いろいろとご心配をかけて申し訳ありませんでした。メールにて失礼します。

그 후 건강하게 지내시고 계시리라 믿습니다. 기다리고 기다리던 상품이 오늘 아침(11월 28일) 11시에 드디어 세관을 통과했습니다. 여러가지 걱정을 끼쳐드려 죄송합니다. 메일로 실례하겠습니다.

✉️ 明日、社長夫婦が関西空港から仁川空港に向かいます。到着予定時間は2時30分なので、ソウル市内には5時頃になると思います。夕食をともにしたいとのことですので、ソウルホテル1階のコーヒーショップで6時30分頃にお会いしたいということです。よろしくお願いします。

✉️ 내일 사장님 부부가 칸사이공항을 출발해 인천공항으로 향합니다. 도착 예정 시간은 2시 30분으로 서울시내에는 5시경이 되리라 생각합니다. 저녁 식사를 함께 하고 싶다고 하시니, 서울 호텔 1층의 커피 숍에서 6시 30분경에 만나뵙고 싶다고 하십니다. 잘 부탁드리겠습니다.

✉️ 朝夕、めっきり寒くなりました。お変りないものと存じます。
お忙しいと思いますが、先日お願いいたしました商品がまだ届いておりません。その商品は私どもの店ではとても評判がよく、思いの外に売れゆきがいいので、同じものを2倍の400足、追加注文したいと思います。まずは、用件だけ簡単に記します。失礼致します。

✉️ 아침저녁으로 부쩍 추워졌습니다. 별일 없으시리라 생각합니다.
바쁘시리라 생각합니다만 일전에 부탁드렸던 상품이 아직 도착하지 않았습니다. 그 상품은 저희 가게에서 평판이 좋아 생각했던 것보다도 잘 팔리고 있어 같은 것을 2배인 400켤레 추가 주문하고 싶습니다. 우선은, 용건만 간략히 적습니다. 실례하겠습니다.

✉ うっとうしい梅雨が続きますが、いかがお過しでしたか。お変りないものと存じます。

さて、先日ご請求された件ですが、今日中にご指定銀行の口座に送金いたしますので、ご理解下さい。

なお、東京にいらっしゃるときは必ず事前にお知らせ下さい。一度必ず、東京案内をさせていただきたいと思います。

ご両親によろしくお伝え下さい。では、さようなら。

✉ 우울한 장마가 계속되고 있습니다만, 어떻게 지내고 계십니까? 별일 없으시리라 생각합니다.

그런데, 일전에 하신 청구 건입니다만, 오늘 중에 지정된 은행계좌에 송금하겠으니 이해해 주십시오.

덧붙여 도쿄에 오실 때는 꼭 사전에 알려 주시기 바랍니다. 한번 도쿄를 꼭 안내하고 싶습니다.

부모님께도 안부 인사 부탁드립니다. 그럼, 안녕히 계세요.

✉ ようやく残暑も収まりそうな気配になりました。韓国はすでに秋だと思われます。

今日、お手紙を差し上げるのは、以前から計画しておりました、日本での研修事業の件のためです。受け入れ態勢が整ったのですが、問題は人員数と日本語能力です。100人程度を希望されていましたが、その半分くらいならなんとかなりそうです。また、日本語も日常生活に不便をきたさない程度に出来るのが望ましいと思います。

ご賢察の上、ご検討下さることを望みます。

よろしくお願い申し上げます。

이제 늦더위도 지나가고 있는 것 같습니다. 한국은 이미 가을이리라 생각합니다.

오늘 편지를 드린 것은, 이전부터 계획하고 있던 일본에서의 연수 건 때문입니다. 받아들일 준비가 되었습니다만, 문제는 인원수와 일본어 능력입니다. 100명 정도를 희망하셨습니다만, 그 반 정도라면 어떻게든 될 듯 합니다. 또한, 일본어도 일상생활에 지장이 없을 정도의 실력을 갖추고 있는 것이 바람직하다고 생각합니다.

잘 생각하시고 검토해 주시기 바랍니다.

아무쪼록 잘 부탁드리겠습니다.

ソウルはもうずいぶん寒いと思います。東京も朝晩は、少しずつ寒くなってまいりました。

ソウルへの社員旅行の件ですが、季節に合わせた服装などをお知らせ下されば幸いです。また、東大門市場での恒例の新作発表会の詳しい日程と内容が知りたいので、可能な限り早くお知らせいただければ幸いです。以上、手紙かメールにてお知らせ下さい。よろしくお願いいたします。

서울은 많이 추워졌으리라 생각합니다. 도쿄도 아침 저녁으로 조금씩 추워지고있습니다.

서울에의 사원 여행의 건입니다만, 계절에 맞는 복장등을 알려주시면 감사하겠습니다. 또한, 항례의 동대문 시장에서의 신작발표회의 자세한 일정과 내용을 알고 싶사오니 가능한한 빨리 알려주시면 감사하겠습니다. 이상 편지나 메일로 알려주시기 바랍니다. 그럼 부탁드리겠습니다.

✉ 送金の可能額が限られていますので、今日は差し当たり2,000万ウォンを今日のレートの円で送ります。メールにて失礼します。

✉ 송금 가능액이 한정되어 있으므로, 오늘은 2,000만 원을 오늘 환율의 엔으로 보냅니다. 메일로 실례하겠습니다.

✉ 金融不安が続きますが、お変りありませんか。契約書通り、ご送金お願いいたします。それでは、失礼します。

✉ 금융불안이 계속되고 있습니다만, 별 탈 없으신지요. 계약서대로 송금을 부탁드립니다. 그럼 실례합니다.

✉ 在庫があまりないので、早く送って下さるようお願いします。

✉ 재고가 얼마 없으니 빨리 보내주시기 바랍니다.

✉ 横浜にはいつ頃到着するのか、正確な日時を可能な限り早くお知らせ下さい。

✉ 요코하마에는 언제쯤 도착하는지 정확한 일정을 가능한 빨리 알려주시기 바랍니다.

✉ 先日、注文した分は取り消しますので、ご了解下さい。

✉ 일전에 주문한 내용을 취소하고 싶으니 양해 해주시기 바랍니다.

所定のところに必ず捺印とサインをして下さい。
지정된 곳에 꼭 날인과 사인을 해주십시오.

メールアドレスが間違っていましたので、届かなかったようです。私のアドレスは名刺に記されているので、確認後もう一度メールして下さるようお願いします。ご苦労さまです。
메일주소가 잘못되어 도착하지 않은 것 같습니다. 제 메일주소는 명함에 적혀있으니, 확인후 다시 한 번 메일 해주시기 바랍니다. 수고하십시오.

このような商品なら、日本では売ることができません。指摘した通りに仕上げて下さるようお願いします。
이런 상품이라면 일본에서는 판매가 안됩니다. 지적해 드린대로 만들어 주시기 바랍니다.

この度の注文をキャンセルしたいと思います。ご了解下さい。よろしくお願いします。
이번(의) 주문을 취소(캔슬)하고 싶습니다. 양해하여 주십시오. 잘 부탁드립니다.

取引きしたいのですが、先にお話しした条件でよろしいでしょうか。
거래를 하고 싶습니다만, 전번에 말씀드린 조건에 괜찮으신지요?

突然ですが、このたびの取引きを見合わせたいと思います。

갑작스런 일이지만 이번 거래를 중지하고 싶습니다.

もう少し安くしてもらえないでしょうか。出来れば、10%くらい価格を下げてもらえると助かります。

좀더 싸게 해 줄 수 없습니까? 가능하면 10%정도 가격을 내려주시면 감사하겠습니다.

契約内容どおりに仕上っています。今後もよろしくお願いします。ありがとうございます。

계약내용대로 만들어졌습니다. 앞으로도 잘 부탁합니다. 감사합니다.

手紙でよく使う単語と例文
(五十音順)

あ

愛   사랑[サラン]
- 私はまだあなたを愛しています。
  나는 아직 당신을 사랑하고 있습니다.
- 愛するということはどういうことでしょうか。
  사랑한다는 것은 어떤 것인지요?

相変らず   변함없이[ピョナムオプシ]
- 私は相変らず元気です。
  나는 변함없이 잘 있습니다.
- 私は相変らず同じような生活をしています。
  나는 변함없이 똑같은 생활을 하고 있습니다.

あいさつ   인사[インサ]
- 久し振りにあいさつの言葉を送ります。
  오래간만에 인사말을 보내겠습니다.
- この前は、心暖まるあいさつをありがとう。
  지난 번에는 따뜻한 인사말 감사합니다.
- 日頃の礼儀やあいさつには気をつけるんだよ。
  평소 예의와 인사말에 주의해야 한다.

※인사말(あいさつことば、挨拶の辞)が인삿말になっていることもある。

会う、逢う   만나다[マンナダ]
- この次ゆっくり会いましょう。
  이 다음에 천천히 만납시다.
- 初めて会ったときを思い出されます。
  처음으로 만났을 때가 생각납니다.

秋　가을[カウル]
- 今年も芸術の秋になりました。
  올해도 예술의 가을이 되었습니다.
- いつのまにか秋も深まりました。
  어느새 가을도 깊어졌습니다.

諦める(あきらめる)　断念する　단념하다[タンニョムハダ]

체념하다[チェニョムハダ]　포기하다[ポギハダ]
- 仕事を途中で諦めてはいけません。
  일을 도중에 단념해서는 안됩니다.
- あなたとの結婚を諦めることにしました。
  당신하고의 결혼을 체념하기로 했습니다.
- 諦めが肝心だ。
  단념하는 것이 중요하다.
- 諦めちゃだめだよ。
  단념해서는 안된다.
- 諦めるのはいつでも出来るからね。
  단념하는 것은 언제라도 가능하니까(되니까).
- 諦めないで、最後まで熱心にやって下さい。
  단념하지말고 최후까지 열심히 해주십시오.
- 勝負は最後まで諦めてはいけない。
  승부는 끝까지 포기하면 안된다.

挙げる、与える　주다[チュダ]
- あなたは私に希望を与えてくれました。
  당신은 나에게 희망을 주었습니다.
- 私のすべてをあなたにあげたい気持ちです。
  나의 모든 것을 당신에게 주고 싶은 심정입니다.

憧れる 동경하다[トンギョンハダ]
- 私は以前からあなたに憧れました。
 나는 이전부터 당신을 동경했습니다.
- 憧れの人に会えて幸せです。
 동경하는 사람을 만나서 행복합니다.

朝 아침[アチム]
- 朝、目が覚めたら雨が降っていました。
 아침에 눈을 뜨니 비가 내리고 있었습니다.
- 最近は、朝の寒い天候になりました。
 요즘은 아침에는 추운 날씨가 되었습니다.

明日 내일[ネイル]
- 私は明日旅に出ます。
 나는 내일 여행을 떠납니다.
- 明日のことは誰も知りません。
 내일 일은 누구도 모릅니다.

焦る 조바심을 가지다[チョバシムル カジダ]
- 君だったら出来るはずだ。決して焦る必要はないよ。
 당신이라면 가능하다. 절대 조바심을 가질 필요가 없어.
- 焦ってもどうなることではないから。
 조바심을 가진다고 어떻게 되는 것은 아니니깐.
- 焦っても得することないよ。
 조바심을 가져도 득될 것은 없어.

遊ぶ 놀다[ノルダ]
- ぜひ一度遊びに来て下さい。
 꼭 한번 놀러 와 주십시오.

- この前遊びに行ってからもう十日がたちました。
  요전에 놀러 간 때로부터 10일이 지났습니다.

暖かい、温かい　따뜻하다[タトゥッタダ]
- この前は暖かいもてなし感謝します。
  요전에는 따뜻하게 대접해주셔서 감사합니다.
- いつのまにか暖かい春になりました。
  어느덧(어느새) 따뜻한 봄이 되었습니다.

新しい　새로운[セロウン]
- 昨日は新しい映画を見に行きました。
  어제는 새로운 영화를 보러 갔습니다.
- 今日は私の新しい住所と電話番号、メールを知らせます。
  오늘은 저의 새로운 주소와 전화번호, 메일을 알려드리겠습니다.

暑い　덥다[トプタ]
- この頃は暑くて、毎日ビールばかり飲んでいます。
  요즘은 더워서 매일 맥주만 마시고 있습니다.
- こちらは急に暑くなりましたが、そちらは最近どうですか。
  이쪽은 갑자기 더워졌는데 그쪽은 요즘 어떻습니까?

あなた　당신[タンシン]
- あなたは私の太陽です。
  당신은 나의 태양입니다.
- あなたに会えて本当に嬉しいです。
  당신과 만나서 정말 기쁩니다.

兄　형[ヒョン]　오빠[オッパ](형은 弟が兄に、오빠は妹が兄を呼ぶときに使う。형の敬語は형님)

- 兄は今出張中です。

  형은 지금 출장중입니다.
- あなたを兄のように慕っています。

  당신을 오빠처럼 존경하고 있습니다.

姉　누나[ヌナ]　언니[オンニ](누나는 弟が姉に、언니는 妹が姉を呼ぶときに使う。누나の敬語は누님)

- この度、姉が嫁ぐことになりました。

  이번에 언니가 시집 가게 되었습니다.
- 何日か前に、姉が旅行から帰ってきました。

  며칠전에 누나(누님)가 여행에서 돌아왔습니다.

雨　비[ピ]

- 雨が降ると、愛らしいあなたを思い出します。

  비가 내리면 사랑스런 그대 생각이 납니다.
- 何日か続いた雨もあがり、今日はよく晴れています。

  며칠째 계속된 비도 그치고 오늘은 활짝 개였습니다.

あやまち　과오[クァオ]　잘못[チャルモッ]

- 先日は、酒を飲んで、あやまちを犯し、まことにすみません。

  일전에는 술을 마시고 과오를 범해서 정말로 미안합니다.
- 同じあやまちは二度と繰り返してはいけないと思います。

  같은 잘못을 두 번 다시 되풀이해서는 안 된다고 생각합니다.

謝る　사과하다[サグァハダ]

- この前の失礼を本当にあやまります。

  전날의 실패를 정말로 사과합니다.

- 前日は、約束の時間に遅れたことをあやまります。
  전날 약속한 시간에 늦은 것을 사과합니다.

荒い　거칠다[コチルダ]　헤프다[ヘプダ]
- 金遣いが荒い人間はよくないよ。
  돈씀씀이가 헤픈 사람은 좋지 않다.

改めて　새로이[セロイ]　다시[タシ]
- あらためて、挨拶をしに行きます。
  새로이 인사를 하러 가겠습니다.
- あなたとは、改めてゆっくりお話したいと思っています。
  당신하고는 다시 천천히 이야기하고 싶다고 생각하고 있습니다.

有り難い　고맙다[コマプタ]
- ご心配頂いて本当に有り難く思います。
  걱정해주셔서 고맙게 생각하고 있습니다.
- この前はいい人を紹介して下さり、本当に有り難いです。
  전번에는 좋은 사람을 소개해 주셔서 정말로 고맙습니다.

ある　있다[イッタ]
- よくあることです。
  자주 있는 일입니다.
- いつもあることだからね。
  늘 있는 일이니깐.
- いつもあると思っていてはいけないよ。
  언제나 있을 것이라고 생각해서는 안 된다.

或いは　혹은[ホグン]
- 今週末か或いは来週の初めに、お会い出来ると思います。
  금주 말 혹은 내주 초에 만날 수 있으리라 생각합니다.

・私か或いは妹が行くと思います。
나 혹은 여동생이 간다고 생각합니다.

歩く 걷다[コッタ]

・今朝は久し振りに公園を歩いてみました。
오늘 아침은 오래간만에 공원을 걸어 보았습니다.

・歩くことはあなたのおっしゃる通り、健康に良いことだと思います。
걷는 것은 당신이 말씀하신데로 건강에 좋은 일이라고 생각합니다.

慌てる 당황하다[タンファンハダ]

・あなたのご病気の知らせを聞いて、本当にそのときは慌てました。
당신이 병에 걸렸다는 말을 듣고 정말로 그때는 당황했습니다.

・私が急に転勤になったので、あなたもちょっと慌てたかも知れません。
제가 갑자기 전근하게 되어서 당신도 조금 당황했을지 모르겠습니다.

・チャンスはきっとあるからね、慌てたら駄目だよ。
찬스는 반드시 오니깐, 서둘러서는 안 된다.

憐れむ 불쌍히 여기다[プルサンヒ ヨギダ]
　　　　연민하다[ヨンミンハダ] 슬퍼하다[スルポハダ]

・私の不幸な境遇をそんなに憐れまないで下さい。
나의 불행한 처지를 그렇게 불쌍히 여기지지 마십시오.

- 失恋した私を憐れんでくれるのは結構ですが、私も早く忘れたいと思っています。
  실연한 나를 슬퍼해 주는건 고맙지만 나도 빨리 잊어버리자고 생각하고 있습니다.

安心　안심[アンシム]
- あなたが勇気づけて下さるので、私は安心です。
  당신이 용기를 북돋아주기 때문에 나는 안심입니다.
- 安心して下さい。私一人で何とか頑張ります。
  안심해주십시오. 나 혼자서 어떻게든 분발하겠습니다.

安否　안부[アンブ]
- ご両親にも安否を伝えて下さい。
  부모님에게도 안부를 전해 주십시오.
- 入院されてるあなたの安否をいつも気遣っています。
  입원해 계시는 당신의 안부를 언제나 걱정하고 있습니다.

い

言い訳、弁明　변명[ピョンミョン]
- 今さら言い訳する気もありません。
  지금와서 변명할 맘도 없습니다.
- 言い訳みたいで、申し訳ありません。
  변명같아서 미안합니다.

言う　말하다[マルハダ]
- 今私はあなたに対する本当の気持ちを言います。
  지금 나는 당신에 대한 진심을 말하겠습니다.

- 言うことは簡単ですが、行動することは何時も困難を伴います。

  말하는 것은 간단하지만, 행동하는 것은 언제나 곤란이 따릅니다.

言うまでもなく　두 말 것 없이[トゥマラルコッオプシ]

- 言うまでもなく私は、あなたに指摘されたような欠点を持っています。

  두 말 것 없이 나는 당신이 지적하신 것처럼 결점을 가지고 있습니다.

- 私のささやかな成功は、言うまでもなくあなたのお蔭です。

  나의 자그마한 성공은 두 말 것 없이 당신 덕분입니다.

家　집[チプ]

- もう少し環境がよくて広い家に引っ越したいのです。

  더 좀 환경이 좋고 넓은 집에 이사하고 싶습니다.

- お蔭でこの度、家を改築することが出来ました。

  덕분에 이번에 집을 개축(리모델링)할 수 있었습니다.

いかがですか　어떻습니까?[オットッスムニカ]

- この度、ゴルフ大会を開催しますが、あなたはいかがですか。

  이번에 골프대회를 개최합니다만 당신은 어떻습니까?

- 次回のパーティーは野外で焼肉ですが、いかがですか。

  다음 번 파티는 야외에서 불고기입니다만 어떻습니까?

怒り、立腹　분노[プンノ]　**화**[ファ]

- 正直言って昨日のあなたの発言には、怒りを禁じえません。

  솔직히 말해서 어제 당신의 발언에는 분노를 금치 못하겠습니다.
- まさに怒りと悲しみが、一気におしよせたみたいな気持ちです。

  마치 분노와 슬픔이 한꺼번에 밀려든 것 같은 마음입니다.

遺憾　유감[ユガム]

- あのときのあなたの発言は、今思うと誠に遺憾です。

  그때의 당신의 발언은 지금 생각하면 정말로 유감입니다.
- あなたと同じように、その件に関しては遺憾に思っています。

  당신과 마찬가지로 그 건에 대해서는 유감스럽게 생각하고 있습니다.

行く　가다[カダ]

- 私は自分の道を行きます。

  나는 내 길을 가겠습니다.
- 明日は子供を連れて動物園に行く予定です。

  내일은 아이를 데리고 동물원에 갈 예정입니다.

意見　의견[ウィギョン]

- 人にはいろいろな意見があると思います。

  사람에게는 여러 의견이 있다고 생각합니다.
- 今日は私の意見を少し述べたいと思います。

  오늘은 내 의견을 조금 말하고자 합니다.

以後　이후[イフ]
- この前、お会いして以後、私は誰とも会っていません。
  이전에 만난 이후, 나는 누구하고도 만나지 않았습니다.
  忠告された日以後、その癖を直すために努力しています。
  충고 받은 날 이후, 그 버릇을 고치기 위해 노력하고 있습니다.

意向　의향[ウィヒャン]
- 父の意向もあるので、よく相談してみます。
  아버지(의) 의향도 있으니, 잘 의논해 보겠습니다.
- 君の意向に沿って、努力してみよう。
  자네의 의향에 맞춰 노력해 보자.

意志　의지[ウィジ]
- あなたの強い意志はよく理解できます。
  당신의 강한 의지는 잘 이해됩니다.
- 意志を固くして頑張って下さい。
  의지를 굳게 다지고 분발해 주십시오.

意思　의사[ウィサ]
- 国家の意思を尊重します。
  국가의 의사를 존중합니다.
- この前、私の意思表示はしたと思います。
  예전에 나의 의사표시를 했다고 생각합니다.

石　돌[トル]
- ほんとうに彼は石頭だよ。
  진짜 그는 돌대가리 군요.

・石の上にも3年だから、じっくりやってみなよ。
　10번 찍어 안 넘어가는 나무없다 하니 참을성을 가지고 해봐라.

以前　이전[イジョン]
・以前一度お会いしたことがあります。
　예전에 한 번 만나본 적이 있습니다.
・この辺も以前とは違って、ずいぶん変りました。
　이 근방도 예전과 달리 상당히 변했습니다.

急いで　시급히[シグプピ]
・事が事なので急いで連絡下さい。
　일이 일인만큼 시급히 연락 주세오.
・あまりにも大事なので、急いで知らせようとペンを執りました。
　너무나도 중요해 시급히 알리고자 펜을 들었습니다.

忙しい　바쁘다[パプダ]
・最近はいろいろ忙しいことと思います。
　최근에는 여러모로 바쁘시리라 생각합니다.
・忙しくてこの仕事の他は何もやっていません。
　바빠서 이 일외에는 아무것도 못하고 있습니다.

頂く(いただく)　받다[パッタ]
・この前は、贈り物を送っていただき、感謝します。
　일전에는 선물을 보내주셔서 감사합니다.
・いただいた物は大事にしまってあります。
　받은 물건은 소중하게 간직하고 있습니다.

痛い　아프다[アプダ]

- まだ手術したところが痛みます。
  아직 수술한 곳이 아픕니다.
- あなたの不幸を聞いて、私も胸が痛みます。
  당신의 불행을 듣고 나도 가슴이 아픕니다.

悼む(いたむ)　애도하다[エドハダ]
- ご尊父の死去を謹んで悼みます。
  부친의 서거를 삼가 애도합니다.
- 先生のお弟子さんの死を謹んで悼みます。
  선생님의 제자분의 사망을 삼가 애도합니다.

労う(ねぎらう)、慰労する、いたわる　위로하다[ウィロハダ]
- 私の悲しい気持ちを少しでもいたわって下さい。
  나의 슬픈 마음을 조금이라도 위로해 주십시오.
- いくらいたわっても、結局は自分が立ちあがらなければなりません。
  아무리 위로해도 결국은 스스로 일어서지 않으면 안 됩니다.

一度　한번[ハンボン]
- 人生は一度しかないんだから。
  인생은 한 번 밖에 없으니까.

何時(いつ)　언제[オンジェ]
- 今度はいつお会いできますか。
  이번에는 언제 만날 수 있을까요?
- あなたはいつ帰って来られるのでしょう。
  당신은 언제 돌아 오십니까?

一所懸命、熱心に　열심히[ヨルシミ]

- 私は今一所懸命(熱心に)勉強しています。
  나는 지금 열심히 공부하고 있습니다.
- 一所懸命(熱心に)頑張れば、きっとよいことがあります。
  열심히 분발하면 반드시 좋은 일이 있습니다.

一層　일층[イルチュン]　한층[ハンチュン]
- 寒さも一層、厳しくなりました。
  추위도 한층 더 추워졌습니다.
- 一層のご隆盛を祈ります。
  더욱더 융성하기를 기원합니다.

何時でも(いつでも)　언제라도[オンジェラド]
- 諦めるのはいつでも出来るからね。
  포기하는 것은 언제라도 가능하니깐.

一般的に　일반적으로[イルバンジョグロ]
- 一般的にあなたの言ってることは、正しいと思います。
  일반적으로 당신의 말은 옳다고 생각합니다.
- 一般的にそのような論理は通らないと思います。
  일반적으로 그런 논리는 통하지 않다고 생각합니다.

何時までも　언제까지나[オンジェカジナ]
- 私たちの友情は何時までも変らないことでしょう。
  우리들의 우정은 언제까지나 변하지 않을 것입니다.
- 何時までも幸せに暮して下さい。
  언제까지나 행복하게 사세요.

何時も　언제나[オンジェナ]
- 何時もあなた(のこと)を心配しています。
  언제나 당신을 걱정하고 있습니다.

- 何時も仕事ばかりしていたら、健康に毒ですよ。
  언제나 일만 하고 있으면, 건강에 해롭습니다.

命　목숨[モクスム]　생명[センミョン]
- 私の命はあなたのものです。
  나의 목숨은 당신 것입니다.
- 命あっての人生です。
  목숨이 있어야 인생입니다.

祈る　빌다[ピルダ]　祈願する　기원하다[キウォナダ]
- あなたの幸せを祈ります。
  당신의 행복을 빕니다.
- なお一層の成功されんことを祈ります。
  더욱더 성공하시기를 기원합니다.

威張る　거만하다[コマナダ]
- いくら実力があっても、威張ってはいけないよ。
  아무리 실력이 있다고 해서 거만해서는 안 된다.

今　지금[チグム]
- 今、あなたは何をしていますか。
  지금 당신은 무엇을 하고 있습니까?
- 今私は、ラジオを聞きながら手紙を書いています。
  지금 나는 라디오를 들으면서 편지를 쓰고 있습니다.
- やるなら今だよ。
  하려면 지금이다.
- 今がもっとも大切な時だ。力を抜いちゃいけないよ。
  지금이 가장 중요한 때다. 힘을 빼서는 안 되요.

今まで　지금까지[チグムカジ]

- 今まで、あなたのような人には会ったことがありません。
  지금까지 당신과 같은 사람은 만나 본 적이 없습니다.
- 今までとは違う自分を発見したみたいです。
  지금까지와 다른 자기를 발견한 것 같습니다.

妹　여동생[ヨドンセン]　누이동생[ヌイドンセン]
- 妹は今、日本に留学中です。
  여동생은 지금 일본에 유학중입니다.
- 妹が今度、結婚します。
  누이동생이 이번에 결혼합니다.

依頼　의뢰[ウィレ]
- あなたの依頼に応じましょう。
  당신의 의뢰에 응하겠습니다.
- 依頼を受けた用件を今、進めています。
  의뢰받은 용건을 지금 진행하고 있습니다.

居る　있다[イッタ]
- まだ、こちらの方にいるつもりです。
  아직 이쪽에 있을 생각입니다.
- ずいぶん長くいます。
  꽤 오래 있습니다.

いろいろ　여러모로[ヨロモロ]
- いろいろお世話になりました。
  여러모로 폐를 끼쳤습니다.
- 未熟なので、いろいろとよろしくお願いします。
  미숙하기에 여러모로 잘 부탁합니다.

祝う　축하하다[チュッカハダ]

- 卒業おめでとう。

  졸업 축하한다.

- 結婚をお祝いし、プレゼントを別途に送りました。

  결혼을 축하드리며 선물을 별도로 보냈습니다.

う

受け取る　받다[パッタ]

- 昨日郵便を受け取りました。

  어제 우편을 받았습니다.

- 確かにあなたが送ってくれた贈り物を受け取りました。

  확실히 당신이 보내주신 선물을 받았습니다.

受かる、合格する　합격하다[ハプキョクハダ]　**通過する　통과하다**[トングァハダ]

- お蔭さまで作品が一次審査に通過しました。

  덕분에 작품이 일차 심사에 통과하였습니다.

- ついに試験に受かりました。

  드디어 시험에 합격하였습니다.

失う　잃다[イルタ]

- 私は貴い親友を失いました。

  나는 귀한 친구를 잃었습니다.

- 一度失った信用は簡単に取り戻せません。

  한번 잃은 신용은 간단히 되찾을 수 없습니다.

嘘　거짓[コジッ]

- 嘘をつくことは人間として悪いことです。

  거짓말을 하는 것은 사람으로서 나쁜 일입니다.

- あなたはまた嘘をつきました。
  당신은 또 거짓말을 했습니다.

疑う　의심하다[ウィシムハダ]
- あなたは、私の愛を疑っているのですか。
  당신은 나의 사랑을 의심하고 있습니까?
- あなたの意見の正しさは疑う余地がありません。
  당신의 의견의 정당성은 의심할 여지가 없습니다.

打ち明ける　밝히다[パルキダ]　**吐露する　토로하다**[トロハダ]
- 今日は私の本当の気持ちを打ち明けます。
  오늘은 나의 진심을 밝히겠습니다.
- あなたにだけは私の心情を打ち明けます。
  당신에게만은 나의 심정을 토로하겠습니다.

有頂天、自信満々　자신만만[チャシンマンマン]
- あまり有頂天になると、最後に失敗するからな。
  너무 자신만만해 있다가는 실패한다니깐.

美しい　아름답다[アルムダプタ]
- あなたの心は本当に美しい。
  당신의 마음은 정말로 아름답다.
- ここの景色は美しくて本当に来てよかったと思います。
  여기 경치는 아름다워서 정말 잘 왔다고 생각합니다.

移る　옮기다[オムギダ]
- この度、職場を移ることになりました。
  이번에 직장을 옮기게 되었습니다.

- この度、下記の住所に移りました。

  이번에 하기의 주소로 옮겼습니다.

生まれる　태어나다[テヨナダ]

- ついに男の子が生まれました。

  드디어 남자애가 태어났습니다.

- 無事女の子が生まれたので安心して下さい。

  무사히 여자애가 태어났으니 안심해 주십시오.

海　바다[パダ]

- 今年の夏は一緒に海に行きましょう。

  올 여름은 함께 바다에 갑시다.

- 海が僕たちを呼んでいるみたいです。

  바다가 우리들을 부르고있는 것 같습니다.

生む、産む　낳다[ナッタ]

- お蔭さまで男の子を無事産むことができました。

  덕분에 남자애를 무사히 낳을 수 있었습니다.

- この度、妻が無事女の子を産みました。

  이번에 아내가 무사히 여자애를 낳았습니다.

裏　뒤[ティ]

- うちの家の裏山に先祖の墓があります。

  우리 집 뒷산에 선산이 있습니다.

- おばあさんは今、路地裏で近所の方と雑談中です。

  할머니는 지금 뒷골목에서 이웃 분하고 잡담중입니다.

羨ましい(うらやましい)　부럽다[プロプタ]

- あなたの幸せな家庭がとても羨ましいです。

  당신의 행복한 가정이 너무도 부럽습니다.

- あなたの勇気は私にとって、羨ましいかぎりです。
  당신의 용기가 나로서는 부러울 뿐입니다.

うららか　화창하다[ファチャンハダ]
- 新緑のうららかな季節となりました。
  신록이 화창한 계절이 되었습니다.
- うららかな今日この頃、いかがお過しですか。
  화창한 오늘 이맘 때 어떻게 지내고 계십니까?

売る　팔다[パルダ]
- この度転勤になったので、家を売ることにしました。
  이번에 전근하게 되었기에 집을 팔기로 하였습니다.
- 中古車を売って新車を買うことにしました。
  중고차를 팔고 새 차를 사기로 하였습니다.

憂い、心配　걱정[コクチョン]　염려[ヨムニョ]
- あなたのおっしゃられていることは、単なる憂いにすぎません。
  당신이 말씀하시는 것은 단순한 염려에 불과합니다.
- いろいろと心配する気持ち、充分に理解できます。
  여러모로 걱정하시는 마음 충분히 이해됩니다.

嬉しい　기쁘다[キプダ]
- あなたが成功したとの知らせを聞いて、嬉しく思っています。
  당신이 성공하였다는 소식을 듣고 기쁘게 생각하고 있습니다.
- 君の結婚が決まったというから、私も嬉しいです。
  자네의 결혼이 정해졌다니 나도 기쁩니다.

噂　소문[ソムン]
- 噂ではしばしば聞いていました。
  소문으로는 자주 듣고 있었습니다.
- あなたについての悪い噂ばかり聞こえます。
  당신에 대한 나쁜 소문만 들립니다.

運　운수[ウンス]　재수[チェス]
- あまり運がないようです。
  너무 운수가 없는 것 같습니다.
- あなたにはいい運が巡ってくると思います。
  당신에게는 좋은 운수가 올꺼(거)라고 생각합니다.

運命　운명[ウンミョン]
- 人の運命はわからないものです。
  사람의 운명은 알 수가 없습니다.
- 自分の運命は自分で決めたいです。
  자기 운명은 자기가 결정하고 싶습니다.

え

永遠　영원[ヨンウォン]
- 私たちの愛は永遠です。
  우리들의 사랑은 영원합니다.
- 肉体は朽ちても魂は永遠だと言う人がいます。
  육체는 사라져도 넋은 영원하다고 하는 사람이 있습니다.

影響　영향[ヨンヒャン]
- あの人からは、よい影響を受けたと思います。
  저 사람으로부터 좋은 영향을 받았다고 생각합니다.

・私はあなたに悪い影響を与えたかも知れません。
　나는 당신에게 나쁜 영향을 주었는지 모릅니다.

営業　영업[ヨンオプ]
・最近営業を始めたので、忙しくてたまりません。
　최근 영업을 시작했기 때문에 너무나도 바쁩니다.
・私も未熟ながら新商品の営業に関わっています。
　저는 미숙하나마 신 상품의 영업에 관여하고 있습니다.

選ぶ　택하다[テッカダ]
・協議した結果、あなたの作品を選ぶことになりました。
　협의한 결과 당신의 작품을 택하기로 하였습니다.
・いいものを選ぶ眼(眼目)が必要です。
　좋은 것을 택하는 안목이 필요합니다.

援助　원조[ウォンジョ]　협조[ヒョプチョ]
・人の援助には限りがあるので、自分の力で頑張るべきです。
　남의 협조에는 한계가 있으니 자신의 힘으로 분발해야 합니다.
・援助をあてにしていては、どうしようもありません。
　원조를 바라고 있어서는 아무것도 안 됩니다.

縁談　혼담[ホンダム]
・よい縁談だと思うので、ぜひ一度会ってみたらいいと思います。
　좋은 혼담이라고 생각하기에 꼭 한 번 만나보면 좋을 것 같다고 생각합니다.

・縁談をすべて断ってばかりいたら、話が来ません。
혼담을 전부 거절하고만 있으면 이야기가 안 옵니다.

円満　원만[ウォンマン]

・円満な解決が望ましいです。
원만한 해결이 바람직합니다.

・家庭が円満だということは、もっとも幸せなことだと思います。
가정이 원만하다는 것은 가장 행복한 일이라고 생각합니다.

遠慮　사양[サヤン]

・遠慮なく受け取って下さることを願います。
사양하지 마시고 받아주시기 바랍니다.

・先だってはお招きいただき、料理まで準備していただき、ほんとうにありがとうございました。
전번에는 초대해 주시고 요리까지 준비해 정말로 주셔서 감사합니다.

お

美味しい　맛있다[マシッタ]

・先は、美味しい贈り物をどうもありがとう。
일전에 맛있는 선물을 감사합니다.

・お宅の家庭料理は本当に美味しかったです。
댁의 가정요리는 정말 맛있었습니다.

老いる　늙다[ヌヶタ]

- 人は老いると元気もなくなってくるものでしょうか。
  사람은 늙으면 기운도 떨어져 가는 것입니까?
- 身体は老いても精神は何時も青春です。
  몸은 늙어도 정신은 언제나 청춘입니다.

応援　응원[ウンウォン]
- 今度の試合には、必ず応援に行きます。
  이번 시합에는 반드시 응원하러 가겠습니다.
- 私も頑張りますので、あなたも応援して下さい。
  나도 분발하겠으니 당신도 응원해 주십시오.

応じる　응하다[ウンハダ]
- いい話だったので、考えた末、応じることにしました。
  좋은 이야기였기 때문에 생각한 끝에 응하기로 하였습니다.
- この条件で応じて下さると、とても助かります。
  이 조건으로 응해 주시면 정말로 도움이 됩니다.

終える　끝내다[クンネダ]
- たった今仕事を終えました。
  지금 막 일을 끝냈습니다.
- 私もやっとチョンガー(独身)暮しを終えて、人生の新たな出発をすることになりました。
  나도 마침내 총각(독신)생활을 끝내고 인생의 새 출발을 하게 되었습니다.

多い　많다[マンタ]
- あなたは欲の多い人です。
  당신은 욕심이 많은 사람입니다.

・私にはあなたの他にも、多くの友だちがいます。
  나에게는 당신 외에도 많은 친구가 있습니다.

大きい　크다[クダ]

・私は大きな夢を実現させるために頑張ります。
  나는 큰 꿈을 실현시키기 위해 분발하겠습니다.
・あなたは何時も、大きいことばかり言っているようです。
  당신은 언제나 큰 소리만 치고 있는 것 같습니다.

お蔭　덕분[トクブン]

・あなたのお蔭で旅行に行けました。
  당신 덕분에 여행을 갈 수 있었습니다.
・この度の私のささやかな成功は、すべてみなさんのお蔭だと思っています。
  이번 나의 자그마한 성공은 모두 여러분 덕택이라고 생각하고 있습니다.

起きる　일어나다[イロナダ]

・私は近頃、早く起きるように努めています。
  나는 요사이 빨리 일어나려고 노력하고 있습니다.
・朝早く起きると、すがすがしくてとっても気分がいいです。
  아침 일찍 일어나면 상쾌하고 매우 기분이 좋습니다.

贈り物　선물[ソンムル]

・今週中に贈り物を直接届けるようにします。
  금주내에 선물을 직접 갖다주도록 하겠습니다.
・この前は贈り物をいただき、ありがとうございました。
  전번에는 선물을 주셔서 감사합니다.

送る、贈る　보내다[ポネダ]
- 明日郵便を送ります。
  내일 우편을 보내겠습니다.
- 感謝の気持ちを込めてこの品物を贈ります。
  감사의 마음을 담아 이 물건을 보냅니다.

遅れる　늦어지다[ヌジョジダ]
- 返事が遅れてすみません。
  답장이 늦어져서 미안합니다.
- 支払いが遅れてご迷惑をおかけ致しました。
  지불이 늦어져서 폐를 끼쳤습니다.

怠る　게으르다[ケウルダ]
- 毎日毎日の勉強を怠ってはいけません。
  매일 매일의 공부를 게을리해서는 안 됩니다.
- 何事も怠らないで勤勉に勤めなければなりません。
  무슨 일이라도 게을리하지 말고 근면하게 노력해야 합니다.

行い　행실[ヘンシル]
- いつも良い行いをしていれば、いつかは報われると思います。
  언제나 착한 행실을 하고 있으면 언젠가는 보답이 있으리라 생각합니다.
- あなたは行いがいいと何時も評判です。
  당신은 행실이 좋다고 언제나 평판이 자자합니다.

怒る　화내다[ファネダ]　**성내다**[ソンネダ]
- 私は今でもその件については怒っています。
  나는 지금도 그 건에 대해 화가 나 있습니다.

幼い　어리다[オリダ]
- あなたはまだ幼いから、そういう失敗をしょっちゅうするのだと思います。
  당신은 아직 어리니까 그런 실패를 자주 한다고 생각합니다.
- 今まで幼いとばかり思っていたら、もう大人です。
  지금까지는 어리다고만 생각하고 있었으나 이제는 어른입니다.

納める　받다[パッタ]
- お送りした品物は、私の気持ちなので納めて下さい。
  보낸 물건은 저의 마음이니 받아 주십시오.
- 心ばかりの品ですが、納めて下さって感謝します。
  마음뿐인 물품이지만 받아주셔서 감사합니다.

収める　거두다[コドゥダ]　**얻다**[オッタ]
- 昨日の試合は大勝利を収めた。
  어제 시합은 대승리를 거두었다.
- この商売で大きな利益収めた。
  이 장사로 큰 이익을 얻었다.

伯父、叔父　백부[ペクブ]　**숙부**[スクブ]
- 私の叔父は今年、還暦です。
  나의 숙부는 올해 환갑입니다.

・怒るだけじゃなくて、どうしたらよいか教えて下さい。
  성만 낼 것이 아니라 어떻게 하면 좋을지 가르쳐 주십시오.

- 結婚式には私の伯父が参加します。
  결혼식에는 나의 백부가 참가(참석)합니다.
  ※伯父(백부)는 父의 兄、숙부(叔父)는 父의 弟。

惜しい　아쉽다[アシプタ]
- この度の失敗はほんとうに惜しいと思います。
  이번 실패는 정말로 아쉽게 생각합니다.
- 一緒に旅行できなくなったことは惜しいです。
  함께 여행하지 못하게 된 것은 아쉽습니다.

教え、教示　가르침[カルチム]　**교시**[キョシ]
- 先生の教えを守って頑張っています。
  선생님의 가르침을 지켜서 분발하고 있습니다.
- 恩師の教え通りに研究しています。
  은사의 교시대로 연구하고 있습니다.

教える　가르치다[カルチダ]
- 子供を教えるということは貴い仕事です。
  어린이를 가르친다는 것은 귀중한 일입니다.
- 私に事実を教えて下さい。
  나에게 사실을 가르쳐 주십시오.

惜しむ　애석하다[エソッカダ]
- 故人を心から惜しんでいます。
  고인을 마음속으로부터 애석하게 생각하고 있습니다.
- あの人はいろいろな人に惜しまれました。
  저 사람은 여러 사람이 애석하게 생각합니다.

遅い　늦다[ヌッタ]

- あなたの連絡は何時も遅いみたいです。

  당신의 연락은 언제나 늦는 것 같습니다.
- 最近は何時も遅い時間に寝ついています。

  최근에는 언제나 늦은 시간에 잠듭니다.

恐れる　두려워하다[トゥリョウォハダ]

- 失敗を恐れてはいけません。

  실패를 두려워해서는 안 된다.
- あの方との別れを恐れています。

  그 분과의 이별을 두려워하고 있습니다.

恐れ入る　황송하다[ファンソンハダ]　**죄송하다**[チェソンハダ]

- 気を遣っていただき恐れ入ります。

  마음을 써 주셔서 죄송합니다.
- ご迷惑をおかけして恐れ入ります。

  폐를 끼쳐서 황송합니다.
- 恐れ入りますが、この問題を少し教えてください。

  죄송하지만 이 문제를 좀 가르쳐주세요.

穏やか　온화하다[オヌァハダ]

- この頃は天気が穏やかです。

  요즈음은 날씨가 온화합니다.
- 彼は穏やかな性格です。

  그는 온화한 성격입니다.

落ち着いている　차분하다[チャブナダ]

- この次は落ち着いた気分で話したいです。

  이 다음은 차분한 마음으로 이야기하고 싶습니다.

- この近くで落ち着いた雰囲気の食堂をご存知ですか。
  이 근처에 차분한 분위기의 식당을 아십니까?

落ちる　떨어지다[トロジダ]
- 落ちても後悔するなよ。チャンスはまたあるからね。
  떨어져도 후회하지마라. 찬스는 또 있으니까.

夫、主人　남편[ナムピョン]　주인[チュイン]
- お蔭さまで夫は無事退院しました。
  덕분에 남편은 무사히 퇴원했습니다.
- その日は夫と私は外出します。
  그날은 남편과 저는 외출합니다.

弟　동생[トンセン]　남동생[ナムドンセン]
- この度は、弟が大変お世話になりました。
  이번에는 동생이 많은 폐를 끼쳤습니다.
- 弟の就職問題は、あなたのお蔭で本当にうまくゆきました。
  남동생의 취직문제는 당신 덕택에 정말로 잘 되었습니다.

男　남자[ナムジャ]
- 女でも男でも、誠実な人が一番だよ。
  여자든 남자든 성실이 제일이다.
- 悪い男に欺されてはいけませんよ。
  나쁜 남자한테 사기 당하면 안 되요.

訪れる　방문하다[パンムナダ]
- 叔母が来しだい、即刻あなたの所を訪ねる予定です。
  숙모가 오시면 곧바로 당신을 방문할 예정입니다.

- この度初めて、叔母が東京を訪れました。

  이번에 처음으로 숙모가 도쿄를 방문했습니다.
- 一度訪ねて行く予定です。

  한번 찾아갈 예정입니다.

大人　어른[オルン]
- もう50だから、大人らしい行動をしなさい。

  벌써 오십이니 어른다운 행동을 하여라.
- 大人が10人、子供が20人います。

  어른이 열명, 어린애가 스무명 있습니다.

おめでとう　축하합니다[チュッカハムニダ]
- 明けましておめでとうございます。

  새해 복 많이 받으세요.(새해 축하합니다)
- 丈夫な赤ちゃんが生まれて、本当におめでとうございます。

  건강한 아기가 태어나서 정말로 축하합니다.

思う　생각하다[センガッカダ]
- すべてが思うようにいかないときは、原点に立ち戻っていちから考えてみな。

  모든 것이 생각되로 되지 않을 때는 원점으로 돌아가서 처음부터 생각해 봐라.

主に　주로[チュロ]
- あなたの主張は主にそういうことだったんですか。

  당신의 주장은 주로 그러한 것이었습니까?

・君の言っていることは、主に互いの不信を取り除く問題です。
당신이 말하고 있는 것은 주로 서로의 불신을 가시는 문제입니다.

思い　생각[センガヶ]
・私は今職責を果たすべく、努力する所存です。
나는 지금 직책을 수행하기 위해 노력할 생각입니다.
・あなたに対する私の思いは変わっていません。
당신에 대한 나의 생각은 변함이 없습니다.

思い出、追憶　추억[チュオヶ]
・青春の思い出は美しいものです。
청춘의 추억은 아름다운 것입니다.
・学生時代の思い出は、友だちとよくキャンプをしに行ったことです。
학생시절의 추억은 친구하고 자주 캠프를 하러 간 일입니다.

終わる　끝나다[クンナダ]
・私とあなたの関係はすでに終りました。
나와 당신의 관계는 벌써 끝났습니다.
・この度私も学生生活を終え、社会人としてあらたに出発することになりました。
이번에 나도 학생생활을 끝내고 사회인으로서 새롭게 출발하게 되었습니다.

女、女子　여자[ヨジャ]

- 女も男も、実力が一番だよ。
  여자도 남자도 실력이 제일이다.

か

会、集まり　모임[モイム]
- 今度は必ず会に参加して下さい。
  이번에는 꼭 모임에 참가해 주십시오.
- 会も十回を数えるようになりました。
  모임도 열 번을 헤아리게 되었습니다.

甲斐　보람[ポラム]
- 信じるに足りる方です。
  믿을 만한 분입니다.
- 人生の生き甲斐って何ですか。
  삶의 보람이란 무엇입니까.

開催　개최[ケチェ]
- 大会が盛大に開催されました。
  대회가 성대히 개최되었습니다.
- 展示会の開催を祝賀します。
  전시회 개최를 축하합니다.

会社　회사[フェサ]
- この度会社を辞めることになりました。
  이번에 회사를 그만두게 되었습니다.
- 安定した会社に入れてよかったです。
  안정된 회사에 취직되어 잘 되었습니다.

回復　회복[フェボク]

- お体は回復されましたか。
  몸은 회복되었습니까?
- 回復が遅れています。
  회복이 늦어지고 있습니다.

買う、おごる　사다[サダ]

- 今度新しい車を買いました。
  이번에 새로운 차를 샀습니다.
- いい家具を安く買いました。
  좋은 가구를 (값)싸게 샀습니다.
- 今晩、一杯おごってくれよ。
  오늘 저녁 한 잔 사 줘.
- この問題で不信を買ったよ。
  이 문제로 불신을 샀어요.
- あなたのせいで、顰蹙を買ったんだ。
  너 때문에 빈축을 샀군요.

返す　돌리다[トルリダ]

- 借りた本をお返します。
  빌린 책을 돌려드리겠습니다.
- 借りたお金に利子をつけて返しました。
  빌린 돈에 이자를 붙여서 돌려드렸습니다.

かえって　오히려[オヒリョ]

- かえって悪い気がします。
  오히려 나쁜 느낌이 듭니다.
- かえってそうしたほうがいいです。
  오히려 그리 하는 것이 낫습니다.

帰る　돌아가다[トラガダ]
- 卒業後、故郷に帰ることにしました。
  졸업후 고향에 돌아가기로 하였습니다.
- あなたが一日でも早く帰って来ることを望んでいます。
  당신이 하루라도 빨리 돌아오기를 바라고 있습니다.

顔　얼굴[オルグル]　낯[ナッ]
- 人間は顔がすべてじゃないからね。
  사람은 얼굴이 전부가 아니니깐.
- 恥しくて合わす顔がないよ。
  부끄러워서 대할 낯이 없어요.

価格　가격[カギョク]
- もう少し、安くしてもらえないでしょうか。せめて、10％くらい価格を下げてくれればありがたいです。
  좀더 싸게 안 되겠습니까? 적어도 10%정도 가격을 내려주시면 감사하겠습니다.

書く　쓰다[スダ]
- 一筆書くことにします。
  한 자 쓰도록 하겠습니다.
- 私は今毎日原稿を書いています。
  나는 지금 매일 원고를 쓰고 있습니다.
- 毎日書けば文章がよくなります。
  매일 쓰면 문장이 좋아집니다.

覚悟　각오[カゴ]
- 今度は私も覚悟を固めました。
  이번에는 나도 각오를 다졌습니다.

- あなたも覚悟を決めたほうがいいです。
  당신도 각오를 하는 것이 좋습니다.

確実　확실[ファクシル]
- 物価は確実に上がっているよ。
  물가는 확실히 올라가고 있어요.
- 努力するということは、確実に自分との戦いだ。
  노력한다는 것은 확실히 자기하고의 싸움이다.

格別　각별[カクピョル]
- 前日は格別にうまい料理を頂きました。
  전날에는 각별히 맛있는 요리를 먹었습니다.
- 何時も格別にお引き立て下さり感謝しています。
  언제나 각별히 보살펴 주신 것 감사하고 있습니다.

学問　학문[ハンムン]
- 学問の道はたやすくありません。
  학문의 길은 쉽지 않습니다.
- 日頃の学問に対する努力が実を結びました。
  평소의 학문에 대한 노력이 열매를 맺었습니다.

過去　과거[クァゴ]
- 暗い過去は忘れましょう。
  어두운 과거는 잊어버립시다.
- 過去を清算して明るい未来に向かいましょう。
  과거를 청산하고 밝은 미래로 향합시다.

貸す　빌려주다[ピルリョジュダ]
- あなたの読みたがっていた本を貸してあげます。
  당신이 읽고 싶어 하던 책을 빌려드리겠습니다.

- お金を貸しますから期日には返して下さい。

  돈을 빌려줄테니 기일내에 갚아주십시오.

影　그림자[クリムジャ]

- 彼は影の薄い人だよ。

  그는 존재가 희미한 사람이에요.

- その影響は、今では影も形もないよ。

  그 영향은 지금에는 온데 간데 없어요.

陰　그늘[クヌル]

- 陰になり日向になり。

  음으로 양으로.

風　바람[パラム]

- 朝晩風の吹く季節になりました。

  아침 저녁으로 바람 부는 계절이 되었습니다.

- 昨日は、身を切るような冷たい風が吹きました。

  어제는 살을 에는듯한 찬 바람이 불었습니다.

風邪　감기[カムギ]

- 風邪がまだ治りません。

  감기가 아직 낫지 않습니다.

- 風邪をひかないようにお体に気をつけて下さい。

  감기 들지 않도록 몸 조심하십시오.

家族　가족[カジョク]

- 家族と一緒に休日を過しました。

  가족과 함께 휴일을 지냈습니다.

- この度家族と一緒にそちらに遊びに行きます。

  이번에 가족과 같이 그쪽에 놀러 가겠습니다.

学校　학교[ハクキョ]
- 子供は元気に学校へ通っています。
  아이는 씩씩하게 학교에 다니고 있습니다.
- 昨日学校の先生が家に来られました。
  어제 학교 선생님이 집에 오셨습니다.

家庭　가정[カジョン]
- 家庭を大切にしなくてはいけません。
  가정을 소중히 하지 않으면 안 됩니다.
- 教育には、家庭教育、学校教育、社会教育などがある。
  교육에는 가정교육, 학교교육, 사회교육 등이 있다.

悲しい　슬프다[スルプダ]
- 今日は悲しい知らせを伝えることになりました。
  오늘은 슬픈 소식을 전하게 되었습니다.
- あなたと悲しい別れをしなければなりません。
  당신과 슬픈 이별을 하지 않으면 안 됩니다.

要(かなめ)、核心　요점[ヨチョム]　**핵심**[ヘクシム]
- 肝心要のとこだよ。
  중요한 핵심부분이다.
- 彼はわがチームの要となっている。
  그는 우리 팀의 핵심이 되고 있다.

必ず　반드시[パンドゥシ]
- あなたの夢は必ず実現するでしょう。
  당신의 꿈은 반드시 실현될 것입니다.
- あなたに必ず会いに行きます。
  당신을 반드시 만나러 가겠습니다.

金　돈[トン]
- 金がなくて困っています。
  돈이 없어서 고생하고 있습니다.
- 借りた金は今度お返しします。
  빌린 돈은 이번에 갚아 드리겠습니다.
- 金、金ってばかり言わないでよ。
  돈, 돈만 하지 마라.
- よく、金がもつね。
  잘 돈이 유지되네(돈도 많다).
- 金がすべてじゃないんだからね。
  돈이 전부가 아니니깐.

我慢する　참다[チャムタ]
- 今はいろいろと我慢しています。
  지금은 여러모로 참고 있습니다.
- これ以上がまんすることは出来ません。
  더 이상 참을 수는 없습니다.

体　몸[モム]
- 体に気をつけて下さい。
  몸 조심하십시오.
- 最近は体を鍛えています。
  최근에는 몸을 단련하고 있습니다.

可愛い　귀엽다[クィヨプタ]　예쁘다[イェプダ]
- あなたはとっても可愛い人です。
  당신은 너무나도 귀여운 사람입니다.

- 子供は何人生まれても可愛いです。
  아이는 몇 명 태어나도 귀엽습니다.
- とても可愛い子だね。
  아주 예쁜 아이군요.

代わる　대신하다[テシンハダ]
- あなたに代わって行きたいです。
  당신을 대신해서 가고 싶습니다.
- 友だちに代わって一言申し上げます。
  친구를 대신하여 한마디 여쭈겠습니다.

変わる　변하다[ピョナダ]
- 人は長い歳月の中で変わるというものです。
  사람은 오랜 세월 속에서 변하는 법입니다.
- あなたは何時も変わらないです。
  당신은 언제나 변함이 없습니다.

考える　생각하다[センガッカダ]
- 私は何時もあなたのことを考えています。
  나는 언제나 당신에 대하여 생각하고 있습니다.
- 将来のことをよく考えたほうがいいです。
  장래를 잘 생각하는 것이 좋습니다.
- よい方向で考えて下さるように望みます。
  좋은 쪽으로 생각하시기 바랍니다.

関係　관계[クァンゲ]
- 私たちの関係を清算しましょう。
  우리들의 관계를 청산합시다.

- あの人とは今なおいい関係が続いています。

  저 사람하고는 아직까지(도) 좋은 관계가 계속되고 있습니다.

歓迎　환영[ファニョン]
- こちらに来られるのであれば歓迎します。

  이쪽에 오신다면 환영합니다.
- 大変な歓迎を受けて感謝しています。

  대단한 환영을 해주셔서 감사합니다.

感激　감격[カムギョク]
- あなたの話にはとても感激しました。

  당신의 이야기에는 대단히 감격했습니다.
- 私は感激のあまり涙を流しました。

  나는 감격한 나머지 눈물을 흘렸습니다.

感謝　감사[カムサ]
- あなたには何時も感謝しています。

  당신에게는 언제나 감사하고 있습니다.
- 感謝の意味で受け取って下さい。

  감사의 뜻으로 받아 주십시오.

感情　감정[カムジョン]
- この前はちょっと感情的でした。

  전번에는 조금 감정적이었습니다.
- あなたは感情の豊かな人です。

  당신은 감정이 풍부한 사람입니다.

肝心だ、重要だ　중요하다[チュンヨハダ]

- あきらめが肝心だ。

  단념하는 것이 중요하다.
- 肝心なところが抜けているね。

  중요한 부분이 빠져있네.

頑張る、奮発する　분발하다[プンバルハダ]

- あなたも体に気をつけて頑張って下さい。

  당신도 몸조심하고 분발해 주십시오.
- 私も近頃は頑張っていますので安心して下さい。

  나도 요사이는 분발하고 있으니 안심해 주십시오.
- お互い熱心にやりましょう。

  서로 열심히 합시다.

き

気、気分　기[キー]　기분[キブン]　기분[マウム]

- いい気分の時に指摘したね。

  좋은 기분일때 지적했군요.
- 君と僕は気が合うね。

  당신과 나는 마음이 통하는군.
- 気分が落ち着かなくて、正気ではなかったわよ。

  기분이 초조해서 제정신이 아니었어.

機会　기회[キフェ]

- 機会があったら一度お会いしましょう。

  기회가 있으면 한 번 만납시다.
- いい機会が訪れたと思っています。

  좋은 기회가 왔다고 생각합니다.

- この機会を逃さないようにしよう。
  이 기회를 놓치지 않도록 하자.
- 次の機会にしよう。
  다음 기회에 합시다.

聞く、効く、利く　듣다[トゥッタ]

- 聞きやすい話も、何度も聞くと嫌だ。
  듣기 좋은 말도 자주 들으면 싫다.
- 人の話はよく聞いたほうがいいと思います。
  남의 이야기는 잘 듣는 것이 좋다고 생각합니다.
- この薬は本当によく効くね。
  이 약은 참 잘 듣네요.
- 賄賂の効果が効かないね。
  뇌물의 효과가 안 듣네요.

気候　기후[キフ]　날씨[ナルシ]

- 近頃は気候が寒いです。
  요사이는 날씨가 춥습니다.
- 気候がよいので外出したほうがいいと思います。
  날씨가 좋으니 외출하는 것이 좋다고 생각합니다.
- 最近、地球の気候が少しおかしい(異常)です。
  요즘 지구 기후가 좀 이상합니다.

季節　계절[ケジョル]

- 過ごしやすい季節がやって来ました。
  지내기 편한(쉬운) 계절이 돌아왔습니다.
- 多忙な季節を迎えていかがお過しですか。
  다망한 계절을 맞이하여 어떻게 지내십니까?

期待　기대[キデ]
- あなたに対する期待は大きいです。
  당신에 대한 기대가 큽니다.
- 期待に背いてすみません。
  기대에 어긋나서 죄송합니다.

きっと　반드시[パンドゥシ]
- きっと気に入ってくれるでしょう。
  반드시 마음에 들어할꺼야.
- きっとうまくいくはずだから、心配する必要ない。
  반드시 잘 될테니깐 걱정할 필요 없다.

気に入る　마음에 들다[マウメ トゥルダ]
- あの人が気に入ったでしょうか。
  저 사람이 마음에 들었습니까?
- 私は一目で気に入りました。
  나는 첫 눈에 마음에 들었습니다.

記念　기념[キニョム]
- 今度卒業記念のパーティーをすることになりました。
  이번에 졸업기념 파티를 하게(하기로) 되었습니다.
- 昨日は私たちの結婚記念日でした。
  어제는 우리(의) 결혼 기념일(날)이었습니다.

昨日　어제[オジェ]
- 昨日はぐっすり休みました。
  어제는 푹 쉬었습니다.
- 返事を昨日出そうと思っていましたが、今日出すことになりました。

답장을 어제 보내려고 생각하고 있었지만 오늘 보내기로 했습니다.

気の毒だ 불쌍하다[プルサンハダ]
- あなたに対しては、本当に気の毒に思っています。
  당신에 대해서는 정말로 불쌍하게 생각합니다.
- 気の毒な暮らしをしていると思うと胸が痛みます。
  불쌍한 생활을 하고 있다고 생각하니 가슴이 아픕니다.

厳しい、厳格だ 엄격하다[オムギョッカダ] 심하다[シマダ]
- ここの学校は規則が厳しいです。
  이 곳 학교는 규칙이 엄격합니다.
- 厳しい寒さが続いています。
  매서운 추위가 계속되고 있습니다.

希望 희망[フィマン]
- 何よりも希望を捨てないでね。
  무엇보다도 희망을 버리지 마세요.
- 互いに希望を持って生きていきましょう。
  서로 희망을 가지고 살아갑시다.

決まる、決定される 정해지다[チョンヘジダ] 결정되다[キョルチョンテダ]
- 結婚することになっておめでとう。
  결혼하게 되어서 축하합니다.
- 就職が決まったという知らせを聞いて、本当に嬉しかったです。
  취직이 결정되었다는 소식을 듣고 정말로 기뻤습니다.

君 당신[タンシン]

- 君の気持ちはよくわかります。
  당신의 마음은 잘 알겠습니다.
- 君の言ってることは正しいと思います。
  당신이 말하고 있는 것은 옳다고 생각합니다.
- 君だったら出来るはずだ。絶対に焦る必要はないよ。
  당신이라면 가능하다. 절대로 조바심을 가질 필요가 없어요.
- 君のこと、本当に信じてるからね。
  당신을 정말 믿고있으니까요.
- 君のことをもっと知りたいです。
  당신에 대해 더 알고 싶습니다.

決める　정하다[チョンハダ]　택하다[テッカダ]
- 私は大学に進学することに決めました。
  나는 대학에 진학할 것을 정했습니다.
- 私は結婚相手に貴方(貴男)を選びました。
  나는 결혼상대로 당신을 택했습니다.

気持ち　마음[マウム]
- あなたの気持ちは痛いほどよくわかります。
  당신의 마음은 아플 정도로 잘 압니다.
- もう少し気持ちを落ち着けて考えたらよいと思います。
  좀 더 마음을 가라앉히고 생각하는 것이 좋다고 생각합니다.

疑問　의문[ウィムン]
- あなたの言ってることには疑問を持たざるを得ません。
  당신이 말하는 것에는 의문을 가지지 않을 수 없습니다.

・私の言ってることは当然の疑問だと思います。
  내가 말하고 있는 것은 당연한 의문이라고 생각합니다.

客　손님[ソンニム]　**고객**[コゲク]

・昨日はお客が訪ねて来て、夜遅くまで話していました。
  어제는 손님이 찾아와서 밤늦게까지 이야기했습니다.
・あなたは大事な客なので、来られる日をお待ちしております。
  당신은 귀중한 손님이기에 오시는 날을 기다리고 있습니다.
・お客は大切にしなければなりません。
  고객은 소중히 하여야 합니다.

客観的　객관적[ケクァンジョク]

・いつも客観的に考えるべきだ。主観的になってはいけないよ。
  언제나 객관적으로 생각해야 한다. 주관적으로 되면 안되요.

休暇　휴가[ヒュガ]

・明日から私は休暇に入ります。
  내일부터 나는 휴가에 들어갑니다.
・休暇は楽しく過されましたか。
  휴가는 즐겁게 지내셨습니까?

休養　휴양[ヒュヤン]

・しっかり(よく)休養して早く元気になるよう祈ります。
  푹(잘) 휴양해서 빨리 나아지길 바랍니다.

- 久し振りに休養をとり、ゆっくり過しました。
  오래간만에 휴양을 하며 편하게 지냈습니다.

今日　오늘[オヌル]
- 今日は5月9日水曜日です。
  오늘은 5월 9일 수요일입니다.
- 今日、待ちに待ったあなたからの便りが来ました。
  오늘 기다리고 기다리던 당신으로부터 편지가 왔습니다.
- 送金可能な額が限られていますので、今日は差し当たり2,000万ウォンを本日のレートの円で送ります。メールにて失礼します。
  송금가능한 금액이 한정되어 있으므로, 오늘은 2,000만원을 오늘 환율의 엔으로 보냅니다. 메일로 실례하겠습니다.

教育　교육[キョユク]
- 何と言っても子供の教育は重要です。
  뭐라 해도 어린이 교육은 중요합니다.
- よく教育は国家百年の大計と言います。
  흔히 교육은 국가 백년대계라고 말합니다.

境遇　처지[チョジ]　경우[キョンウ]
- 貧しい境遇に置かれていました。
  가난한 처지에 놓여 있었습니다.
- やっとつらい境遇から抜け出しました。
  드디어 괴로운 처지로부터(처지에서) 벗어났습니다.
- 彼女は貧しい境遇で育った。
  그녀는 가난한 경우에서 자랐다.

郷愁　향수[ヒャンス]
- いつしか郷愁にかられました。
  어느덧 향수에 잠겼습니다.
- 郷愁を抱く気持ちはよく理解出来ます。
  향수를 품는 마음은 잘 이해됩니다.

恐縮する　죄송합니다[チェソンハダ]
- 無理な(勝手な)お願いをして恐縮です。
  무리한(멋대로) 부탁을 드려 죄송합니다.
- 気を遣って下さり恐縮に存じます。
  신경 써 주셔서 죄송스럽습니다.

業績　업적[オプチョク]
- お蔭さまで我が社も業績があがりました。
  덕분에 우리 회사도 업적이 올랐습니다.
- 彼は大変な業績を残しました。
  그는 대단한 업적을 남겼습니다.

胸中、心中　심중[シムジュン]
- お悲しみの胸中をお察し申し上げます。
  슬픈 심중을 헤아리겠습니다.
- 心より哀悼の意を表します。
  심중으로부터 애도의 뜻을 표합니다.

郷里、故郷　고향[コヒャン]　시골[シゴル]
- この度郷里に帰ることになりました。
  이번에 고향에 돌아가게 되었습니다.
- 父は酒を一杯飲むと郷里を懐かしみます。
  아버지는 술 한 잔 드시면 고향을 그리워합니다.

協力　협력[ヒョムニョク]
- あなたの協力を得て成し遂げたいのです。
  당신의 협력을 받아 성취하고 싶습니다.
- あなたのためなら協力を惜しみません。
  당신을 위해서라면 협력을 아끼지 않겠습니다.

許可　허가[ホガ]
- 許可が下りたので行けると思います。
  허가가 내렸기 때문에 갈 수 있으리라 생각합니다.
- 今許可を申請しています。
  지금 허가를 신청하고 있습니다.

去年、昨年　작년[チャンニョン]
- 去年あなたと旅行に行ったことが忘れられません。
  작년 당신과 여행 간 일이 잊어지지 않습니다.
- 去年の今頃初めてあなたとお会いしました。
  작년의 이맘때 처음으로 당신과 만났습니다.
- 昨年はいろいろとご迷惑をかけました。今年もよろしくお願いします。
  작년은 여러모로 폐를 끼쳤습니다. 올해도 잘 부탁드립니다.

嫌う　싫어하다[シロハダ]
- 彼はあなたを嫌っているようです。
  그는 당신을 싫어하는 것 같습니다.
- あなたはもしかして、私を嫌っているのではないでしょうか。
  당신은 혹시 나를 싫어하고 있지 않습니까?

着る　입다[イプタ]
- 昨日買った服をさっそく着てみました。
  어제 산 옷을 바로 입어 보았습니다.
- ちょっと着てみたけれど合いません。
  좀 입어 보았지만 맞지 않습니다.

奇麗だ　곱다[コプタ]
- あなたは綺麗な心を持っています。
  당신은 고운 마음을 가지고 있습니다.
- あなたはいつ見ても綺麗です。
  당신은 언제 봐도 곱습니다.

極めて　극히[クッキ]　**정말**[チョンマル]
- あなたの今度の作品は極めてよく出来ています。
  당신의 이번 작품은 정말 잘 만들어졌습니다.
- あの企画は極めてよいと思います。
  저 기획은 정말로 좋다고 생각합니다.

気をつける　조심하다[チョシマダ]
- 見知らぬ土地なので、くれぐれも気をつけて下さい。
  낯설은 땅이기에 제발 조심해 주십시오.
- いろんな人がいるから、気をつけて下さい。
  여러 사람이 있으니까 조심해 주십시오.

近況　근황[クヌァン]
- あなたの近況がわかって嬉しいです。
  당신의 근황을 알 수 있어서 기쁩니다.
- 私の近況を詳しく知らせます。
  나의 근황을 상세히 알립니다.

禁物　금물[クムムル]
- 油断は禁物(大敵)ですよ。
  방심은 금물(대적)이다.
  ※방심은 漢字で「放心」

金融　금융[クムュン]
- 金融不安が続きますが、お変わりありませんか。契約書通り、ご送金お願いいたします。ご苦労さんです。
  금융불안이 계속되고있습니다만, 별탈없으신지요. 계약서대로 송금을 부탁드립니다. 수고하세요.
- 金融危機をどう克服するつもりですか。
  금융위기를 어떻게 극복할 생각입니까?

<

悔い、後悔　후회[フフェ]
- 今でも私は悔いが残っています。
  지금도 나는 후회가 남아 있습니다.
- 悔いがないように頑張りましょう。
  후회가 없도록 분발합시다.

偶然　우연[ウヨン]
- あなたとの出会いは決して偶然ではありません。
  당신하고의 만남은 결코 우연이 아닙니다.
- 偶然が繰り返されると、必然性をもたらすようです。
  우연이 되풀이 되면 필연성이 되는 것 같습니다.

苦情、不満　잔소리[チャンソリ]　불만[プルマン]

- いろいろな苦情が絶えないようです。
  여러가지 잔소리가 그치지 않는 것 같습니다.
- 多くの不満が出ました。
  많은 불만이 나왔습니다.

口　입[イプ]

- あなたは口が軽いみたいです。
  당신은 입이 가벼운 것 같습니다.
- 私は口が堅いので安心して下さい。
  나는 입이 무거우니까 안심해 주십시오.
- 口よりも手の方が先に出るんだから。
  말보다 손이 먼저 올라간다니깐.
- 口だけの人間は信じちゃいけない。
  말만 하는 인간은 믿어서는 안 된다.
- 口は災いのもとです。
  입이 원수다.
- 人の口には戸を立てられないからね。
  사람 입은 막을 수 없군요.

苦痛　고통[コトン]

- あなたは多くの苦痛をなめました。
  당신은 많은 고통을 겪었습니다.
- いつのまにか、あなたの存在が私には苦痛になりました。
  어느덧 당신의 존재가 나에게는 고통이 되었습니다.

苦難　고난[コナン]

- 私は苦難の道をつねに歩んできました。
  나는 고난의 길을 항상 걸어왔습니다.

- あなたを苦難から救いたいです。
  당신을 고난으로부터 구원하고 싶습니다.

悔しい、遺憾だ　유감하다[ユガマダ]
- あなたとの別れは本当に悔しいです。
  당신과의 이별은 정말로 유감입니다.
- 悔しいけれどやめることにしました。
  유감입니다만 그만두도록 하겠습니다.

暮らし、生活　생활[センファル]　살림살이[サルリムサリ]
- そちらの暮らしはいかがですか。
  그쪽 생활은 어떻습니까?
- あなたはとても暮らしが困ってると聞きましたが…
  당신은 살림살이가 매우 쪼들리고 있다고 들었습니다만…

比べる、比較する　비교하다[ピギョハダ]
- あなたは何時も、私を他の人と比べます。
  당신은 언제나 나를 다른 사람과 비교합니다.
- 二人を比べると対照的です。
  둘을 비교하면 대조적입니다.

繰り返す　되풀이하다[トェプリハダ]
- あなたが繰り返して言っていたとおりです。
  당신이 되풀이해서 말하던 그대로 입니다.
- もう一度繰り返し申し上げます。
  다시 한번 되풀이해서 말씀 드립니다.

来る　오다[オダ]

- 来週は私の友だちが来る予定です。
  내주에 제 친구가 올 예정입니다.
- 君が来ることを指折り待ってます。
  당신이 올 것을 손꼽아 기다리고 있습니다.

苦しい　괴롭다[クェロプタ]
- 今あなたは苦しい立場にいると思います。
  지금 당신은 괴로운 입장에 있다고 생각합니다.
- 私は苦しかったときを忘れていません。
  나는 괴로웠던 시기를 잊지 않고 있습니다.

クレーム　크렘[クレム]　말썽[マルソン]
- クレームが入って来ました…
  크렘이 들어왔습니다만…
- クレームがたくさん来ています。
  크렘이 많이 들어왔습니다.
- この商品はお客からのクレーム(苦情)が多い。
  이 상품은 손님으로부터 불만이 많다.

苦労　고생[コセン]
- 今までいろいろな苦労をしてきました。
  지금까지 여러가지 고생을 해 왔습니다.
- 苦労の後にいいことがあると思います。
  고생끝에 좋은 일이 있다고 생각합니다.

詳しい、詳細だ　상세하다[サンセハダ]
- もう少し詳しく説明して下さい。
  더 좀 상세히 설명해 주십시오.
- 詳しいことは今度指示します。
  상세한 것은 이 다음에 지시하겠습니다.

け

敬意　경의[キョンウィ]

- あなたには日頃(平素)から敬意を表してきました。
  당신에게는 평소부터 경의를 표해 왔습니다.
- 敬意を抱いてあいさつをいたします。
  경의를 가지(담)고 인사드립니다.

計画　계획[ケフェク]

- 今度、計画を実行することになりました。
  이번에 계획을 실행하게 되었습니다.
- 計画を変更することになったので、お知らせします。
  계획을 변경하게 되었으니 알려 드립니다.

経験　경험[キョンホム]

- 先輩は経験が豊かなので教えて下さい。
  선배는 경험이 풍부하므로(니까) 가르쳐 주십시오.
- 先生はいろいろな経験を積んでこられたと思います。
  선생님은 여러가지 경험을 쌓아오셨다고 생각합니다.
- 経験がものを言うんだよ。
  경험이 말해 주는 거야.

契約　계약[ケヤク]

- 今度家を(買う)契約しました。
  이번에 집을(사는) 계약했습니다.
- 早く契約を履行して下さい。
  빨리 계약을 이행해 주십시오.
- 契約更新をしたいと思います。
  계약 갱신을 하고 싶습니다.

- 契約期限が迫っています。

  계약기한이 다가오고 있습니다.
- 来月15日で契約が切れます。

  다음달(내달) 15일이면(로) 계약이 끝납니다.
- 契約内容通りにきちんと仕上っています。ありがとうございます。

  계약내용대로 만들어졌습니다. 감사합니다.

激励　격려[キョンニョ]

- いつも激励して下さり有り難く思っています。

  언제나 격려해 주셔서 고맙게 생각하고 있습니다.
- あなたの激励に応えるためにも、勇気を持って頑張ります。

  당신의 격려에 보답하기 위해서도 용기를 내서 분발하겠습니다.

決意　결의[キョリ]

- 私は今年は合格する決意です。

  나는 올해는 합격할 결의입니다.
- あなたも参加する決意を固めて下さい。

  당신도 참가하는 결의를 다져 주시오.

結果　결과[キョルグァ]

- あなたの成功は努力の結果です。

  당신의 성공은 노력의 결과입니다.
- いい結果を産むように努力して下さい。

  좋은 결과를 낳기 위하여 노력해 주십시오.

- 心配するな。全力を尽くしたんだから、きっといい結果があるよ。
  걱정하지마. 전력을 다했으니깐 반드시 좋은 결과가 있을꺼야.
- ベストを尽くせば、結果が出る(ついてくる)。
  베스트를 다하면 결과는 따라온다.
- 結果ばかり夢見ないで、もっと努力せよ。
  결과만 꿈꾸지 말고 좀 더 노력해라.

結局　결국[キョルグヶ]
- あなたは結局私から離れていくのですか。
  당신은 결국 나로부터 멀어져 갑니까?
- 結局、結論は一つだと思います。
  결국 결론은 하나라고 생각합니다.

結婚　결혼[キョロン]
- 私もやっと結婚することになりました。
  나도 드디어 결혼하게 되었습니다.
- あなたの結婚を心からお祝いします。
  당신의 결혼을 마음속으로부터 축하합니다.

決して　결코[キョルコ]
- 私は決してあなたから逃げるつもりはありません。
  나는 결코 당신으로부터 도망칠 생각은 없습니다.
- あなたは決して嘘をついてるとは思えません。
  당신이 결코 거짓말을 하고 있다고는 생각하지 않습니다.

決心　결심[キョルシム]

・私は今度留学に行く決心をしました。
나는 이번에 유학 갈 결심을 다졌습니다.
・あなたの決心はなかなか変わらないようです。
당신의 결심은 좀처럼 변하지 않는 것 같습니다.
・決心は固りましたか。
결심은 굳혔습니까?
・早く決心しな。
빨리 결심해라.

限界　한계[ハンゲ]
・何ごとも限界があるんだからね。
(그) 어떤 일에도 한계가 있으니까.
・もうこれ以上、あなたと付き合うのは限界です。
더 이상 당신과 사귀는 것은 이미 한계입니다.

謙虚　겸허[キョムホ]
・実るほど、首を垂れると言うじゃないか。もっと、謙虚じゃなくっちゃ。
열매는 익을 수록 머리를 숙인다고 하지 않는가. 더 겸손해져라.

健康　건강[コンガン]
・健康に過して下さい。
건강히 지내십시오.
・早く健康を回復して下さい。
빨리 건강을 회복하세요.

厳守　엄수[オムス]

・時間厳守だからね。守ってね。
시간엄수니깐. 지켜요.

原点　원점[ウォンチョム]
・すべてが思うようにいかないときは、原点に戻れ。
모든 것이 생각대로 되지 않을 때는, 원점으로(에) 돌아가라.
・その作家の文学の原点は、平和です。
그 작가의 문학 원점은 평화다.
・すべては原点が基本だよ。
모든 것은 원점이 기본이야.

ㄹ

恋、愛　사랑[サラン]
・私はあなたを愛しています。
나는 당신을 사랑하고 있습니다.
・あなたに対する愛は何年たっても変わりません。
당신에 대한 사랑은 몇년 지나도 변함이 없습니다.

後悔　후회[フフェ]
・あなたと一緒になったことを後悔しています。
당신하고 같이 된 것을 후회하고 있습니다.
・後で後悔しないように頑張りましょう。
나중에 후회하지 않도록 분발합시다.
・このままじゃ、きっと後悔するよ。
이대로라면 반드시 후회할껄.

- 後悔しないように、事前にやっておきましょう。
  후회하지 않도록 사전에 해둡시다.
- 後悔先に立たずだよ。(今更後悔しても無駄だよ)
  이제와서 후회해도 소용없다.
- 後で後悔するようなことは初めからするなよ。
  나중에 후회할 일은 처음부터 하지마라.

合格　합격[ハプキョク]
- 実力で合格しました。
  실력으로 합격하였습니다.
- 志望した大学に合格することが出来ました。
  지망한 대학에 합격할 수(가) 있었습니다.

交際　교제[キョジェ]
- 私と交際して下さい。
  나와 교제해 주십시오.
- 貴方との交際をやめようと思っています。
  당신과의 교제를 끝내려고 생각하고 있습니다.

口実　구실[クシル]　**핑계**[ピンゲ]
- あなたはいつも口実をつくって、私と会おうとしません。
  당신은 언제나 구실을 만들어 나를 만나려고 하지 않습니다.
- あの人は人に会うことを口実に、酒を飲んでいます。
  저 사람은 사람을 만나는 것을 구실로 술을 마시고 있습니다.
- 口実(言い訳)は言うな(弁解するな)。
  핑계대지 마.

幸福　행복[ヘンボク]
- あなたの幸福な人生を祈ってます。
  당신의 행복한 인생을 빌고 있습니다.
- 人にとって幸福とは何でしょうか。
  사람에게 있어서 행복이란 무엇입니까?

心　마음[マウム]
- 心の美しい人です。
  마음이 아름다운 사람입니다.
- やさしい心を持った人間に育てたいです。
  상냥한 마음을 가진 인간으로 키우고 싶습니다.

志　뜻[トゥッ]
- あなたの志は立派です。
  당신의 뜻은 훌륭합니다.
- 私は志を成し遂げるために上京します。
  나는 뜻을 이루기 위해 상경하겠습니다.

快い、爽快だ　상쾌하다[サンクェハダ]　시원하다[シウォナダ]
- 今朝は快い風が吹きました。
  오늘 아침은 상쾌한 바람이 불었습니다.
- 最近は、快い気持ちで毎日を過ごしています。
  최근에는 상쾌한 마음으로 매일을 지내고 있습니다.
- 爽快な(冷たい)生ビールください。
  시원한 생맥주 주세요.

答える　대답하다[テダプパダ]
- あなたの質問に答えることは難しいです。
  당신의 질문에 대답하는 것은 어렵습니다.

・聞かれた(質問された)ことにはすぐ答えるようにしています。
질문 받은 일에는 바로 대답하도록 하고 있습니다.

ご馳走　대접[テジョブ]

・昨日はご馳走してもらってありがとうございました。
어제는 접대를 받아 감사했습니다.

・今度お会いするときは私がご馳走します。
이번에 만날 때는 제가 대접하겠습니다.

言葉　말[マル]

・有り難い言葉を頂き感謝しています。
고마운 말을 해주셔서 감사하고 있습니다.

・あなたの力強い言葉が忘れられません。
당신의 힘있는 말이 잊혀지지 않습니다.

断る、拒否する　거부하다[コブハダ]

・あなたの誘いは断ります(拒否します)。
당신의 권유는 거부합니다.

・私の頼みをなぜ拒否するのですか。
나의 부탁을 왜 거부합니까?

困る　곤란하다[コルラナダ]

・あなたのせいで私は困っています。
당신 때문에 나는 곤란을 겪고 있습니다.

・あなたが困難に陥っているという噂を聞きました。
당신이 곤란에 빠졌다는 소문을 들었습니다.

堪える　견디다[キョンディダ]　참다[チャムタ]

・涙を必死で堪えています。
눈물을 꾹 참고 있습니다.

・苦しさを堪えて頑張っています。
괴로움을 견디고 분발하고 있습니다.

今後　앞으로[アプロ]　금후[クムフ]
・今後ともあなたとは交際しようと思っています。
앞으로도 당신과 교제하려고 생각하고 있습니다.
・今後のことはまたゆっくりお話しましょう。
이후의 일은 또 천천히 이야기합시다.

今度　이번[イボン]
・今度お宅に遊びに行きます。
이번에 댁에 놀러가겠습니다.
・今度の機会は大事だと思っています。
이번 기회는 중요하다고 생각하고 있습니다.

さ

最近　최근[チェグン]　요즘[ヨズム]　요사이[ヨサイ]
・最近、体の調子が悪いんです。
최근 몸 상태가 좋지 않습니다.
・最近の消息をお知らせ下さい。
최근 소식을 알려주세요.
・最近、景気はどうですか。
요사이 경기는 어때요?

歳月　세월[セウォル]
・歳月の流れはあまり早いです。
세월 흐름은 너무 빠릅니다.

- 今度の仕事を成し遂げるためには、かなり歳月を費やすことになるでしょう。

  이번 일을 성취하기 위해서는 제법 세월이 걸릴 것입니다.

在庫　재고[チェゴ]

- 在庫があまりないので、早く送って下さるこを望みます。

  재고가 얼마 없으니 빨리 보내주시기 바랍니다.

- 在庫の確認を早く知らせて下さい。

  재고 확인을 빨리 알려주세요.

最後、最期　최후[チェフ]

- 諦めないで、最後まで頑張って下さい。

  단념하지말고 최후까지 열심히 해주십시오

- 彼はあえない最期を遂げた。

  그는 어이없는 최후를 끝냈다.

先に　먼저[モンジョ]

- とにかく今日は、先に帰ります。

  좌우간 오늘은 먼저 돌아가겠습니다.

捧げる　바치다[パチダ]

- あなたには私のすべてを捧げる覚悟です。

  당신에게는 제 모든 것을 바칠 각오입니다.

- 別途お送りした品物は、あなたに捧げる私の気持ちです。

  별도 보낸 물건은 당신에게 바치는 저의 마음입니다.

早速　곧[コッ]　바로[パロ]

- あなたのお手紙を早速読みました。

  당신의 편지를 바로 읽었습니다.

- 早速返事を書きました。
  곧 답장을 썼습니다.

さて　그런데[クロンデ]
- さてこの度私は、外国旅行に行くことになりました。
  그런데 이번에 나는 외국여행에 가게 되었습니다.
- さて、あなたの依頼された件に対する回答は次の通りです。
  그런데 당신이 의뢰하신 건에 대한 회답은 다음과 같습니다.

淋しい、寂しい　섭섭하다[ソプソパダ]
- あなたがいらっしゃらないのでとても淋しいです。
  당신이 안계시기 때문에 매우 섭섭합니다.
- 私は一人で住んでいますが、友だちが大勢いるので淋しくありません。
  나는 혼자서 살고 있지만 친구가 많이 있어 외롭지 않습니다.

寒い　춥다[チュプタ]
- ずいぶん寒くなりました。
  아주(몹시) 추워졌습니다.
- 今年は例年より寒そうです。
  올해는 예년보다 추울 것 같습니다.

寒さ　추위[チュイ]
- 寒さの厳しい季節になりました。
  추위가 심한 계절이 되었습니다.

- 寒さには充分気をつけて下さい。
  추위에는 충분히 조심해 주십시오.

更に 한층[ハンチュン] 더욱더[トウクト]
- 今までよりも更に発展するでしょう。
  지금까지 보다도 한층 발전할 것입니다.
- 更に押し進めて行きましょう。
  더욱더 밀고 나가십시오.

去る 떠나다[トナダ]
- やはりあなたは私から去っていくのですか。
  역시 당신은 나로부터 떠나렵니까?
- 彼も私から去っていきました。
  그도 나로부터 떠나갔습니다.

参加する 참가하다[チャムガハダ]
- 先輩もぜひとも参加して下さい。
  선배도 꼭 참가해 주십시오.
- 私は必ず参加します。
  나는 반드시 참가하겠습니다.

賛成する 찬성하다[チャンソンハダ]
- あなたの意見に私も賛成します。
  당신의 의견에 나도 찬성합니다.
- あなたの賛成を得て、私も勇気がわきました。
  당신의 찬성을 얻어 나도 용기가 솟았습니다.

残念だ 아쉽다[アシプタ]
- うまくいかなかったことに対して、ほんとうに残念に思います。
  잘 안된 일에 대해서는 정말로 아쉽게 생각합니다.

・あなたと別れるのは残念です。
  당신하고 헤어지는 것은 아쉽습니다.

し

幸せ、幸福　행복[ヘンボク]
・私はいま限りなく幸せです。
  나는 지금 한 없이 행복합니다.
・あなたも幸せになって下さい。
  당신도 행복하게 되어 주십시오.
・幸せってそんなもんじゃないよ。
  행복이란 그런 것이 아니다.

仕方ない　할 수 없다[ハルスオプタ]　어떻게 되는 것은 아니다[オットッケデヌンゴスンアニダ]
・焦っても仕方ないから(どうしょうもないから)。
  조바심을 가진다고 어떻게 되는 것은 아니니깐.
・過ぎ去ったことはもう仕方がないことだ。
  지나가 버린 것은 이제 할 수 없는 일이다.

時間　시간[シガン]
・あんまり長い時間がかかるのはいやよ。
  너무 긴 시간이 걸리는 것은 싫다.
・時間厳守だからね。守ってね。
  시간 엄수니깐. 지켜세요.
・時間がたてばわかるからね。
  시간이 지나면 알게 될 것이다.

・私が若かった頃は、時間があれば常に努力していたね。
내가 젊었을 때는 시간이 나면 항상 노력했어요.

時期　시기[シギ]

・今は耐える時期だと思います。
지금은 참을 때라고 생각합니다.

・花見の時期になりました。
꽃구경(꽃놀이)하는 시기가 되었습니다.

至急　시급히[シグプヒ]

・至急ご返事下さい。
시급히 답장을 주십시오.

・至急そちらのほうに伺います。
시급히 그쪽에 찾아가겠습니다.

事業　사업[サオプ]

・私は最近新しい事業に着手しました。
나는 최근 새로운 사업에 착수했습니다.

・あなたの事業がうまくいっていることは喜ばしいことです。
당신(의) 사업이 잘 되고 있는 것은 기쁜 일입니다.

試験　시험[シホム]

・お蔭さまで入社試験に合格することが出来ました。
덕분에 입사 시험에 합격할 수 있었습니다.

・卒業試験が目前に迫ってきています。
졸업 시험이 눈앞에 다가오고 있습니다.

仕事　일[イル]

- 今は仕事が忙しいです。
  지금은 일이 바쁩니다.
- あなたの仕事はやり甲斐のある仕事です。
  당신의 일은 보람있는 일입니다.
- 仕事というものは、そういうものなんだよ。
  일이란 것은 그런 것이다.

事実　사실[サシル]
- 私とあなたが別れたということは、厳然たる事実です。
  나와 당신이 헤어졌다는 것은 엄연한 사실입니다.
- 事実関係を首尾よく説明して下さい。
  사실 관계를 잘 설명해 주십시오.

事情　사정[サジョン]
- あなたの事情はよくわかりました。
  당신 사정은 잘 알았습니다.
- 家庭の事情がとても複雑なんです。
  가정 사정이 매우(몹시)복잡합니다.

自信　자신[チャシン]
- 試験に合格して自信がつきました。
  시험에 합격하여 자신이 생겼습니다.
- あなたが自信を取り戻したというので嬉しいです。
  당신이 자신을 되찾았다고 하기에 기쁩니다.

静かだ　조용하다[チョヨンハダ]　고요하다[コヨハダ]
- 近頃は、人通りもなく静かです。
  최근에는 사람도 지나가지 않고 조용합니다.

- いつも静かな家が、昨日は親戚の子供が来てさわがしかったです。
  언제나 조용하던 집이 어제는 친척 아이가 와서 떠들썩했습니다.

慕う　사모하다[サモハダ]
- 私はあなたを慕っています。
  나는 당신을 사모하고 있습니다.
- 離れていればいるほど、慕う気持ちが募ります。
  헤여져 있으면 있을수록 사모하는 마음이 더해집니다.

従う　따르다[タルダ]
- あなたに従って行きます。
  당신을 따라 가겠습니다.
- 必ず幸せにしますから私に従って来なさい。
  반드시 행복하게 해줄테니 나를 따라 오십시오.

親しい　친하다[チナダ]
- あなたと親しい間柄になれて嬉しいです。
  당신과 친한 사이가 되어서 기쁩니다.
- 私には親しい友達がたくさんいます。
  나에게는 친한 벗이(친구가) 많이 있습니다.
- お互い、知り合い、それから考えましょう。
  서로 좀더 알고지내며 그래서 생각합시다.

実現する　실현하다[シリョンハダ]
- ついに夢が実現しました。
  드디어 꿈이 실현되었습니다.
- 計画していたことが実現して嬉しいです。
  계획했던 것이 실현되어서 기쁩니다.

実行する　実행하다[シレンハダ]
- あの企画を実行に移す秋(とき)が来ました。
  저 기획을 실행에 옮길 때가 왔습니다.
- 今年こそは実行しようと思います。
  올해만큼은 실행하자고 생각합니다.

失敗　실패[シルペ]
- 失敗は成功のもとです。
  실패는 성공의 어머니입니다.
- 同じ失敗を繰り返さないことが重要です。
  같은 실패를 되풀이 하지 않는 것이 중요합니다.
- 失敗を恐れてはいけません。
  실패를 두려워해서는 안 된다.

質問　질문[チルムン]
- 今日は少し質問があってペンを執りました。
  오늘은 조금 질문이 있어서 펜을 들었습니다.
- 質問に対する答えをお送って差し上げます。
  질문에 대한 대답을 보내(부쳐)드립니다.

実力　실력[シルリョク]
- いくら実力があるからと言っても、威張ってはいけないよ。
  아무리 실력이 있다고 해서 거만해서는 안된다.

失礼　실례[シルレ]
- 昨日は失礼しました。
  어제는 실례했습니다.

- 先日は失礼を顧みず、お訪ねして申し訳ありませんでした。

  일전에는 실례를 무릅쓰고 방문하여 죄송합니다.

指導 지도[チド]

- 先生の指導を受けようとして手紙を出しました。

  선생님의 지도를 받고자 편지를 부쳤(보냈)습니다.

- いつも先輩からご指導をいただき、恐縮しています。

  언제나 선배님으로부터 지도를 받아서 송구스럽습니다.

暫く(しばらく) 잠깐[チャムカン]

- 旅行のため暫く家を留守にします。

  여행 때문에 잠깐 집을 비우겠습니다.

- 暫く様子を見たほうが良いと思います。

  잠깐 상황을 보는 것이 좋다고 생각합니다.

自分 자기[チャギ]

- 自分では大人になった気分です。

  자기로서는 어른이 된 기분입니다.

- 自分自身の問題なので、自分の力で解決してみます。

  자기 자신의 문제이니까 제 힘으로 해결해 보겠습니다.

社会 사회[サフェ]

- 私も今度は、ずいぶん社会を知ることができました。

  나도 이번에는 많이 사회를 알게 되었습니다.

- 社会に貢献する人になって下さい。

  사회에 공헌하는 사람이 되어 주십시오.

充分、十分 충분[チュンブン]

- 仲よくするだけで充分です。

  사이좋게 지내는 것만으로 충분합니다.

趣味　취미[チュィミ]
- あなたはどういう趣味をお持ちですか。
  당신은 어떤 취미를 가지고 계십니까?
- 趣味と実益を兼ねているのでいいです。
  취미와 실익을 겸하고 있으므로 좋습니다.

条件　조건[チョコン]
- 取り引きしたいのですが、先般お話し申し上げた条件でいいでしょうか。
  거래를 하고 싶습니다만, 전번의 말씀드린 조건에 괜찮으신지요?

消息　소식[ソシㇰ]
- 彼の消息がわかりました。
  그의 소식을 알았습니다.
- 新しい消息を伝えます。
  새로운 소식을 전합니다.

招待する　초대하다[チョデハダ]
- 先だっては招待して下さり、ありがとうございます。
  전번에는 초대해 주셔서 감사합니다.
- ていねいな招待を受けました。
  정중한 초대를 받았습니다.

商品　상품[サンプム]
- こんな商品では、日本では販売することができません。指摘した通りに作って下さることを望みます。
  이런 상품이라면 일본에서는 판매가 안 됩니다. 지적해 드린대로 만들어주시기 바랍니다.

・商品のサンプル(見本)を送って下さい。

상품의 샘플(견본)을 보내주십시오.

情報　정보[チョンボ]

・情報を交換しましょう。

정보를 교환합시다.

・あなたは情報に明るいです。

당신은 정보에 밝습니다.

初心　초심[チョシム]

・初心を忘れちゃいけないよ。

초심을 잊어서는 안되요.

女性　여성[ヨソン]

・派手な女性とは付き合わないのがいいと思うよ。

화려한 여성과는 사귀지 않는 것이 좋다고 생각해요.

知らせる　알리다[アルリダ]

・彼について知らせます。

그에 관해서 알립니다.

・私の新居の住所を知らせます。

제 새 집의 주소를 알립니다.

知る　알다[アルダ]

・私のこと、もっとよく知ってくださるのを望みます。

저에 관해 좀더 알아주시기 바랍니다.

・お互い、もっと知り合い、親しくなりましょう。

서로 좀더 알고 지내며 친해집시다.

信じる　믿다[ミッタ]

・誰でも信じてはいけないよ。

아무나 믿어서는 안 되요.

・口だけの人間は信じちゃいけない。
말만 하는 인간은 믿어서는 안 된다.

人生　인생[インセン]

・人生は一度しかないんだから。
인생은 한 번밖에 없으니까.
・人生って、長いようで短い。
인생은 긴 것 같지만 짧다.

新年　새해[セヘ]　신년[シンニョン]

・新年のお喜びを申し上げます。
새해인사 드립니다.
・新年を迎えておめでとうございます。
새해를 맞이하여 축하합니다.

心配　걱정[コッチョン]

・心配してみても、仕方ないよ。
걱정해봐야 소용없어요.
・あなたって、心配症ね。
당신은 걱정도 팔자다.
・心配ご無用です。
걱정할 것 없어요.
・心配するな。全力を尽くしたんだから、きっといい結果が出るよ。
걱정하지마. 전력을 다했으니깐 반드시 좋은 결과가 나올꺼야.
・あなたのこと、ずっと心配してたのよ。
너를 줄곧 걱정했어요.

す

推薦　추천[チュチョン]
- この度はあなたを推薦することにしました。
  이번에는 당신을 추천하기로 했습니다
- ご推薦して下さり、ありがとうございます。
  추천해 주셔서 감사합니다.

過す　지내다[チネダ]
- 毎日楽しく過しています。
  매일 즐겁게 지내고 있습니다.
- 蒸し暑いこの頃いかがお過しですか。
  무더운 요사이 어떻게 지내십니까?

涼しい　시원하다[シウォナダ]
- この頃は涼しい風がよく吹きます。
  요사이는 시원한 바람이 자주 붑니다.
- 朝晩涼しい気候になりました。
  아침 저녁으로 시원한 기후가 되었습니다.

既に　벌써[ポルソ]　이미[イミー]
- 既にその件は終わってると思います。
  벌써 그 건은 끝났다고 생각합니다.
- 彼は既に出発しました。
  그는 벌써 출발하였습니다.
- 既に知っている事実だよ。
  이미 알고 있는 사실이에요.

すべて、全部　전부[チョンブ]

・あなたにはすべてお話します。
  당신에게는 전부 이야기하겠습니다.
・すべて私の責任です。
  전부 나의 책임입니다.

ずっと　줄곧[チュルゴッ]
・あなたのこと、ずっと心配してたのよ。
  너를 줄곧 걱정했어요.
・ずっとあなたのこと好きだったのよ。本当よ。
  줄곧 당신을 사랑하고 있었어. 정말이야.
・ずっと取り引きしましょう。
  앞으로 줄곧 거래합시다.

せ

誠意　성의[ソンウィ]
・誠意をもって話すつもりです。
  성의를 가지고 이야기할 작정입니다.
・あなたの言うことには誠意がみられません。
  당신 말에는 성의가 보이지 않습니다.

性格　성격[ソンキョク]
・あなたと私は性格が似ています。
  당신과 나는 성격이 닮았습니다.
・あなたとは性格が合いません。
  당신하고는 성격이 맞지(어울리지) 않습니다.

生活　생활[センファル]

- 幸せな生活を送っています。

  행복한 생활을 보내고 있습니다.
- 生活が豊かになりました。

  생활이 풍요하게 되었습니다.

成功する　성공하다[ソンゴンハダ]
- あなたが成功することを祈ってます。

  당신이 성공하기를 바라고 있습니다.
- 成功したという噂を聞きました。

  성공했다는 소문을 들었습니다.

誠実　성실[ソンシル]
- 女でも男でも、この件については問題ではない。

  여자든 남자든 이 건에 관해서는 문제가 아니다.

成績　성적[ソンジョク]
- お蔭さまで成績が上がりました。

  덕분에 성적이 올랐습니다.
- おたくのお子さんは成績がよくていいですね。

  댁의 자녀분(자제분)은 성적이 좋아서 좋겠어요.

成長　성장[ソンジャン]
- いつのまにかずいぶん成長しました。

  어느새 상당히 성장했습니다.
- 子供の成長が楽しみです。

  어린이의 성장이 즐겁습니다.

生命　생명[センミョン]
- 人の生命は貴いです。

  사람의 생명은 귀중합니다.

- 生命にかかわる重大な問題です。
  생명과 관련된 중대한 문제입니다.

静養する　정양하다[チョンヤンハダ]
- 久し振りに温泉で静養しています。
  오래간만에 온천에서 정양하고 있습니다.
- 病後には静養は充分にしなさい。
  병후에는 충분히 정양하십시오.

責任　책임[チェギム]
- 責任を果たすことが重要です。
  책임을 다한다는 것이 중요합니다.
- それは私が責任をもって処理します。
  그것은 내가 책임을 지고 처리하겠습니다.
- 責任をとられることを望みます。
  책임지시기 바랍니다.
- 私の責任ではありません。
  저희 책임이 아닙니다.
- 責任は先方(相手方)にあります。
  책임은 상대방에 있습니다.
- 責任が重大です。
  책임이 중대합니다.
- 責任問題です。
  책임 문제입니다.
- それこそ、彼の責任だよ。
  그거야말로 그의 책임이다.

説明する　설명하다[ソルミョンハダ]
- では、具体的に説明しましょう。
  그러면 구체적으로 설명합니다.
- 詳しく説明して下さい。
  상세히 설명해 주십시오.

世話、ご迷惑　폐[ペ]
- この度はお世話になりました。
  이번에는 폐를 끼쳤습니다.
- いつも世話をかけてすみません。
  언제나 폐를 끼쳐서 미안합니다.

先日　요전[ヨジョン]　일전[イルチョン]
- 先日はお目にかかれて光栄です。
  일전에는 만나뵙게되어 영광이었습니다.
- 先日はいろいろとありがとうございました。
  요전에는 여러가지로 감사했습니다.

前進する　전진하다[チョンジンハダ]
- 努力するということは、易しいことではない.
  毎日自己点検し、一歩一歩前進することなんだよ。
  노력한다는 것은 쉬운 일이 아니다. 매일 자기 점검하여 한발 한발 전진하는 것이다.

先生　선생님[ソンセンニム]
- 先生に教わった日々が懐かしいです。
  선생님께 배우던 나날이 그립습니다.
- 先生の教えを肝に銘じて努力しいます。
  선생님의 가르침을 명심하고 노력하고 있습니다.

前途　전도[チョンド]　앞길[アプキル]
- あなたの前途は洋々としています。
  당신의 전도는 밝습니다.
- 明るい前途を祝福します。
  밝은 앞날을 축복합니다.

全力　전력[チョルニョク]　온 힘[オン ヒム]
- 心配するな。全力を尽くしたんだから、きっといい結果が出るよ。
  걱정하지마. 전력을 다했으니깐 반드시 좋은 결과가 있을꺼야.
- 全力を出せば、可能性が見えてくるよ。
  온 힘을 내면 가능성이 보일거에요.

そ

早急に　시급히[シグピ]　속히[ソッキ]
- 早急に解決してくれることを望みます。
  시급히 해결해 주기 바랍니다.
- 早急に連絡します。
  시급히 연락하겠습니다.
- 熱しやすく、さめやすい。
  속히 더운 방 쉬 식는다(諺).

送金　송금[ソングム]

- 送金額が限られていますので、今日は差し当たり2,000万ウォンを本日レートの円で送ります。メールにて失礼します。

  송금액이 한정되어 있으므로, 오늘은 2,000만원을 오늘 환율의 엔으로 보냅니다. 메일로 실례하겠습니다.

葬式　장의식[チャンウィシク]　장례식[チャンネシク]
- この前葬式が終わりました。

  얼마 전에 장례식이 끝났습니다.
- お蔭さまで無事葬式を終えることが出来ました。

  덕분에 무사히 장례식을 끝낼 수 있었습니다.

相談する　상담하다[サンダムハダ]
- いろいろと相談したいことがあります。

  여러가지 상담하고 싶은 것이 있습니다.
- もう一度相談してから返事をします。

  다시 한번 상담해서 대답하겠습니다.

組織　조직[チョジク]
- 組織の中では、個人じゃ何も出来ないんだよ。

  조직안에서는 개인은 아무것도 할 수 없어요.
- 組織ではチームワークが大切ですよ。

  조직에서는 팀웍이 중요해요.

そのうち　가까운 날에[カッカウンナレ]
- そのうち会いに行きます。

  가까운 날에 만나러 가겠습니다.
- そのうち落ち着いたら一度お会いしましょう。

  가까운 날에 정리가 되면 한번 만납시다.

その後　그 후[クフー]　그간[クガン]
- その後お変わりありませんか。
  그간 별일 없으셨습니까?
- 彼についてはその後消息がありません。
  그에 관해서는 그 후 소식은 없습니다.

祖父　조부[チョブ]　할아버지[ハラボジ]
- 祖父がそちらに伺うと申しております。
  조부님이 그쪽에 찾아 가신다고 말하고 있습니다.
- お蔭さまでおじいさんは元気です。
  덕분에 할아버지는 건강합니다.

祖母　조모[チョモ]　할머니[ハルモニ]
- 祖母はしばらく前に退院しました。
  조모님은 얼마 전에 퇴원했습니다.
- 子供たちはみんな、おばあさんに会いたいと言っています。
  아이들은 모두 할머니를 만나고 싶다고 말하고 있습니다.

空　하늘[ハヌル]
- 空は澄みきっています。
  하늘은 맑게 개여 있습니다.
- 雲一つない空を眺めると気分がいいです。
  구름 한 점 없는 하늘을 바라보니 기분이 좋습니다.

それ　그것[クゴッ]
- それはよくあることだ。
  그건 자주 있는 일이다.

- それはよくないことだ。

  그건 좋지 않은 일이다.
- それはそれとして、本題に入ろう。

  그건 그거고, 본 문제로 돌아가자.
- それこそ、彼の責任だよ。

  그야말로 그의 책임이다.

損害　손해[ソネ]
- 損害弁償して下さい。

  손해 변상해 주십시오.
- この取り引きには損害保険料が含まれています。

  이 거래에는 손해 보험료가 포함되어 있습니다.

尊敬　존경[チョンギョン]
- あなたを心から尊敬しています。

  당신을 마음속으로부터 존경하고 있습니다.
- 尊敬する気持ちに変わりはありません。

  존경하는 마음에 변함(은) 없습니다.

た

体験　체험[チェホム]
- この度はお蔭さまでいい体験が出来ました。

  이번에는 덕분에 좋은 체험을 할 수 있었습니다.
- 体験することはいい勉強です。

  체험하는 것은 좋은 공부입니다.

対策　대책[テチェク]
- もう一つ対策を考えなくてはいけません。

  또 하나 대책을 생각하지 않으면 안됩니다.

- 何かよい対策はありませんか。
  무엇인가 좋은 대책은 없습니까?

大事だ、貴重だ　귀중하다[クィジュンハダ]
- あなたの言ってることは、もっとも大事なことです。
  당신이 말한 것은 가장 귀중한 부분입니다.
- あの品物は大切に扱って下さい。
  저 물건은 귀중히 다루어 주십시오.
- お年寄りを大事にしなさい。
  어른을 소중히 여겨라.

退職　퇴직[トェジク]
- 私はこの度退職することになりました。
  나는 이번에 퇴직하게 되었습니다.
- しばらく前に会社を定年定職しました。
  얼마 전에 회사를 정년 퇴직하였습니다.

大切だ、重要だ　중요하다[チュンヨハダ]
- 今が何よりも大切だ。力を抜いちゃいけないよ。
  지금이 무엇보다도 중요하다. 힘을 빼서는 안 된다.
- 大切なのは、心だよ。相手のことを思うことだよ。
  중요한 것은 마음이다. 상대를 생각하는 마음이다.

大体、あらかた　대체로[テチェロ]　거의[コウィ]
- 仕事はあらかた終わりました。
  일은 거의 끝났습니다.
- だいたい説明すると次の通りです。
  대체로 설명하면 다음과 같습니다.
- 説明は大体わかりました。
  설명은 대체로 알았습니다.

態度　태도[テド]
- あなたも態度を明らかにして下さい。
  당신도 태도를 명확히 해 주십시오.
- その件に関しては柔軟な態度をとりましょう。
  그 건에 관해서는 유연한 태도를 취합시다.

互いに　서로[ソロ]
- お互いに努力しましょう。
  서로 노력합시다.
- 互いに相談しながら進めましょう。
  서로 의논하면서 진행합시다.
- お互いに譲歩することが大切です。
  서로 양보하는 것이 중요합니다.
- お互いの心が大切です。
  서로의 마음이 중요합니다.
- お互いに譲り合って和を保つことだね。
  서로 양보하여 화목을 유지해요.

尋ねる　묻다[ムッタ]
- 一つ先生にお尋ねします。
  하나 선생님께 묻겠습니다.
- ぜひあなたに尋ねたい案件があります。
  꼭 당신에게 묻고 싶은 안건이 있습니다.

訪ねる、訪問する　방문하다[パンムンハダ]　찾다[チャッタ]　찾아가다[チャジャカダ]
- 今度うちに訪ねて来て下さい。
  이번에 우리 집을 방문해 주십시오.

- 突然訪ねることになり、申し訳ございません。
  갑자기 방문하게 되어서 죄송합니다.
- 来週の月曜日に訪ねて行きます。
  다음주 월요일에 찾아가겠습니다.
- ソウルに行くことになったら訪ねたいと思います。
  서울에 가게 되면 찾아가고자 합니다.

便り　편지[ピョンジ]
- 久しぶりに便りを読みました。
  오래간만에 편지를 읽었습니다.
- 便りをいただきまして恐縮です。
  편지를 받아서 황송합니다.

誰　누구[ヌグ]
- 誰も信じてはいけないよ。
  누구도 믿어서는 안돼.
- 誰(どなた)ですか。
  누구십니까?

ち

近い　가깝다[カッカプタ]
- 遠くの親戚より近くの友だちです。
  먼 친척보다 가까운 친구입니다.
- 私とあなたは近い間柄になりました。
  나와 당신은 가까운 사이가 되었습니다.

近頃　요사이[ヨサイ]
- 近頃お目にかかる機会がありませんでした。
  요사이 만나뵐 기회가 없었습니다.

- 近頃私も熱心に調査しています。

 요사이 나도 열심히 조사하고 있습니다.

力　힘[ヒム]

- あなたの力になってあげたいのです。

 당신의 힘이 되고 싶습니다.

- あなたの力を貸して下さい。

 당신의 힘을 빌려 주십시오.

父　아버지[アボジ]

- 父は今旅行に行っています。

 아버지는 지금 여행을 가고 계십니다.

- 父と一度近いうちに会って下さい。

 아버지와 한번 근간에 만나주십시오.

チャンス、機会　찬스[チャンス]　기회[キフェ]

- 落ちてもあまりクヨクヨするなよ。チャンスはまたあるから。

 떨어져도 너무 슬퍼하지 마라. 찬스는 또 있으니까.

- チャンスは自分の力で見つけなきゃ。やってこないんだよ。

 기회는 자기 힘으로 찾아야지. 찾아오지 않으니까요.

- チャンスはきっとあるから、慌てたら駄目だよ。

 찬스는 반드시 있으니깐, 서둘러서는 안 된다.

忠告　충고[チュンゴ]

- 友だちとして忠告します。

 친구로서 충고하겠습니다.

・私の忠告を聞いて下さい。
나의 충고를 들어 주십시오.

抽象的　추상적[チュサンジョク]
・努力するということは、抽象的なことじゃないんだ。一歩一歩前進することはた易くない。
노력한다는 것은 추상적인 것이 아니다. 한발 한발 전진하는 것은 쉽지 않다.

注文する　주문하다[チュムンハダ]
・さっき、注文した分は取り消しますので、ご了解下さい。
아까 주문한 것을 취소하고 싶으니 양해해주세요.
・注文したものをキャンセルしたいと思います。よろしく。
주문한 것을 취소하고 싶습니다. 알아주세요.
・注文内容を確認しました。
주문 내용을 확인했습니다.

調子、状態　상태[サンテ]　**식**[シク]
・その調子(式)でやれば、うまくいくはずですよ。
그런 식으로 하면 잘 될 것이에요.
・体の調子が悪くてね。
몸 상태가 나빠서요.
・最近、体の調子が悪いんです。
최근 몸 상태가 좋지 않습니다.

治療　치료[チリョ]
・今は治療に専念して下さい。
지금은 치료에 전념해 주십시오.

- 早く治療を受けたほうがいいと思います。
  빨리 치료를 받는 것이 좋다고 생각합니다.
- 治療は早ければ早いほどいい。
  치료는 빠르면 빠를수록 좋다.

つ

追憶 추억[チュオク]
- 学生時代はいい追憶(思い出)として残っています。
  학창시절은 좋은 추억으로 남아 있습니다.
- 私もちょっと追憶にふけっていました。
  나도 잠시 추억에 담겨 있었습니다.

遂に 드디어[トゥディオ]
- 遂に(やっと)完成しました。
  드디어 완성했습니다.
- 遂に私も成功しました。
  드디어 나도 성공했습니다.

通知 통지[トンジ]
- 通知が遅れてすみません。
  통지가 늦어서 미안합니다.
- 通知はしっかりといただきました。
  통지는 잘 받았습니다.

着く、到着する 도착하다[トチャッカダ]
- あさってには着くと思います。
  모레는 도착하리라 생각합니다.
- あなたからの贈り物は、昨日着きました。
  당신이 보내주신 선물이 어제 도착했습니다.

尽くす　다하다[タハダ]
- 真心を尽くしたんだから。
  진심을 다했으니까.
- ベストを尽くせば、結果はついて来るからね。
  베스트를 다하면 결과는 따라오거든요.

都合、事情　사정[サジョン]
- 都合がよければ一度お会いしましょう。
  사정이 괜찮으시면 한번 만납시다.
- そちらの都合はどうでしょうか。
  그쪽 사정은 어떻습니까?

伝える、伝達する　전하다[チョナダ]　**전달하다**[チョンダルハダ]
- あなたのおっしゃったことは、必ず社長に伝えます。
  당신이 말씀하신 것은 반드시 사장님에게 전하겠습니다.
- お母さんにもよろしく伝えて下さい。
  어머님께도 잘 전해 주십시오.
- お父さんに必ずお伝え下さい。
  아버지께 꼭 전달해 주세요.

妻　처[チョ]　**아내**[アネ]　**집사람**[チプサラム]
- お蔭さまで妻は無事出産しました。
  덕분에 처는 무사히 출산했습니다.
- その日は妻と一緒に行きます。
  그 날은 아내와 함께(같이) 가겠습니다.

強い　강하다[カンハダ]　**세다**[セダ]
- あなたは強い人です。
  당신은 강한 사람입니다.

- 強い精神力で打ち克ちましょう。
  강한 정신력으로 이겨냅시다.
- 奴は強すぎて勝てないよ。
  그 놈은 너무 세서(강해서) 못 이겨요.

辛い(つらい) 괴롭다[クェロプタ]
- 辛いことも多いと思います。
  괴로운 일도 많으리라 생각합니다.
- 私も辛い立場にあります。
  나도 괴로운 입장에 있습니다.

て

手 손[ソン]
- どこから手をつければいいかわかりません。
  어디부터 손을 대야할지 모르겠습니다.
- 口よりも手の方が先に出るんだから。
  말보다 손이 먼저 올라간다니깐.
- 手に手をとってすべての面で協力しました。
  손에 손을 잡고 모든 면에서 협력하였습니다.

出会い 상봉[サンボン] 만남[マンナム]
- あなたとは運命的な出会いでした。
  당신하고는 운명적인 상봉이었습니다.
- 私とあなたとは思いがけない出会いでした。
  나와 당신은 뜻밖의 만남이었습니다.
- このような出会いをもう一度もちたいです。
  이런 만남을 다시 한 번 가지고 싶습니다.

出かける、外出する　가다[カダ]　외출[ウェチュルハダ]
- 今度そちらのほうに出かけます。
  이번에 그쪽에 가겠습니다.
- これから私は外出します。
  지금부터 나는 외출합니다.
- 5月に済州島に出かけるつもりです。
  5월(달)에 제주도에 갈 생각입니다.

手紙　편지[ピョンジ]
- 思いがけない手紙をいただき、驚いています。
  뜻밖(에) 편지를 받고 놀랐습니다.
- あなたが送った手紙は昨日届きました。
  당신이 보낸 편지는 어제 도착했습니다.

出来るだけ、出来る限り　할 수 있는 한[ハルスインヌンハン]
　　　　　되도록[テドロク]
- 出来るだけ協力するようにいたします。
  할 수 있는 한 협력하도록 하겠습니다.
- 出来るだけ早く行くようにします。
  할 수 있는 한 빨리 가도록 하겠습니다.
- 出来るだけ皆さんからの賛成を得たいです
  되도록 여러분의 찬성을 얻고 싶습니다.

手伝う　돕다[トプタ]
- 私の仕事を少し手伝ってくれると嬉しいです。
  나의 일을 조금 도와주면 감사하겠습니다.
- 近くにいたら手伝えるのに残念です。
  가까이에 있으면 도울 수 있는데 유감입니다.

天気　날씨[ナルシ]

- 近頃は天気がよくありません。

  요사이는 날씨가 좋지 않습니다.
- いい天気が続いています。

  좋은 날씨가 계속되고 있습니다.

転換する　전환하다[チョナァンハダ]

- 方向を転換してみなよ。

  방향을 전환해보지.
- あなたは考えを転換する必要があります。

  당신은 생각을 전환할 필요가 있습니다.

と

問い合わせる　물어보다[ムロポダ]

- 問い合わせたいことがありまして、手紙を書きました。

  물어보고 싶은 것이 있어서 편지를 썼습니다.
- あなたに問い合わせたらわかると思いまして、連絡しました。

  당신에게 물어보면 알 수 있으리라 생각해서 연락했습니다.

同情　동정[トンジョン]

- 私に対する同情は要りません。

  나에 대한 동정은 필요 없습니다.
- 私もあなたには同情しません。

  나도 당신에게는 동정하지 않겠습니다.

到着　도착[トチャク]

- 横浜への到着はいつ頃になるでしょうか。正確な日時を出来るだけ早くお知らせ下さい。

 요코하마에는 언제쯤 도착하는지 정확한 일정을 될수록(되도록) 빨리 알려주시기 바랍니다.

当分、当分の間　당분간[タンブンガン]
- 当分、外国に行っていますので、その間よろしくお願いします。

 당분간 외국에 가 있으므로 그간 잘 부탁합니다.
- 私の状況は当分の間、変らないと思います。

 나의 형편은 당분간 변함이 없다고 생각합니다.

遠い　멀다[モルダ]
- 先日は遠い所からおいで下さり、ありがとうございました。

 일전에는 먼데서 와 주셔서 감사합니다.
- 先生とは遠い親戚になります。

 선생님하고는 먼 친척이 됩니다.

時　때[テ]
- 今がいちばん楽しい時です。

 지금이 가장 즐거운 때입니다.
- 若い時の写真です。

 젊을 때 사진입니다.

時どき　때때로[テッテロ]　가끔[カクム]
- 君の噂は時どき聞きます。

 당신(의) 소문은 때때로 듣습니다.

- 私も学生時代のことは時どき思い出します。

  나도 학창시절의 일은 때때로 상기합니다.
- サルも時どき木から落ちる時がある。

  원숭이도 가끔(가다가) 나무에서 떨어질 때가 있다.

得 득[トク]
- 焦っても得することないよ。

  조바심을 가져도 득될 것은 없어요.
- 一時的な得よりも将来を考えなきゃね。

  일시적인 득보다도 장래를 생각해야지.

特に 특히[トゥッキ]
- 特に今度の仕事には力を入れています。

  특히 이번 일에는 힘을 쏟고 있습니다.
- 健康には特に気をつけて下さい。

  건강에는 특히 조심하십시오.

どこから 어디부터[オディブト]
- この荷物はどこから来たのですか。

  이 짐은 어디부터(에서) 왔습니까?
- どこから手をつければいいかわかりません。

  어디부터 손을 대야할지 모르겠습니다.

場所、所 장소[チャンソ] 곳[コッ]
- 場所と日時は下記の通りです。

  장소와 시일은 하기와 같습니다.
- 環境のいい所に引っ越しました。

  환경이 좋은 곳에 이사했습니다.

年、歳 년[ニョン] 해[ヘ] 나이[ナイ]

- 新しい年をどうお過しですか。
  새해를 어떻게 지내십니까?
- 新しい年が明けました。
  새로운 해가 밝았습니다.
- 歳ばかり取って老いていくばかりです。
  나이만 먹고 늙어만 갑니다.

年寄り　늙은이[ヌルグニ]　노인[ノイン]
- お年寄りの言うことはよく聞くんだよ。
  늙은이 말씀은 잘 들어야지.
- お年寄りを大事にしなさい。
  노인을 공경해라.

途中　도중[トジュン]
- 途中でお宅に寄るつもりです。
  도중에서 댁에 들릴 예정입니다.
- 田舎に帰る途中うちに寄って下さい。
  시골에 돌아가는 도중 우리 집에 들려 주십시오.

嫁ぐ　시집가다[シジプカダ]
- 娘がこの度嫁ぐことになりました。
  딸이 이번에 시집가게 되었습니다.
- 嫁ぐ日を前に挨拶をかねて、手紙を書きました。
  시집가는 날을 앞두고 인사를 겸해서 편지를 썼습니다.

突然　갑자기[カプチャギ]
- 突然手紙を差し上げて、驚かれたことと思います。
  갑자기 편지를 드려서 놀라셨으리라 생각합니다.

- 突然悲報が飛び込んできたので、びっくりしました。
  갑작스런 비보에 깜짝 놀랬습니다.

とても 대단히[テダニ]
- とても気を遣って下さり、ありがとうございました。
  대단히 마음을 써 주셔서 감사합니다.
- このようによくして下さり、とても恐縮しています。
  이렇게 잘 해 주셔서 대단히 송구스럽습니다.

届ける 갖다주다[カッタチュダ]
- 頼まれた物は私が届けます(もっていって差し上げます)。
  부탁받은 물건은 제가 갖다주겠습니다.
- 2、3日後に直接届けます。
  2, 3일 후에 직접 갖다주겠습니다.

泊まる 묵다[ムクタ]
- うちに来たら、ぜひ泊まっていって下さい。
  우리 집에 오면 꼭 묵고 가세요.
- ここに3、4日泊まって帰ります。
  여기서 3, 4일 묵고 돌아가겠습니다.

弔う(とむらう)、悔む、哀悼する 애도하다[エドハダ]
- 衷心からお悔みを申し述べます。
  충심으로 애도하겠습니다.
- 心から弔い(哀悼)の意を表します。
  마음속으로부터 애도의 뜻을 표합니다.

友だち 벗[ポッ] 친구[チング]
- あなたはいい友だちをたくさん持っています。
  당신은 좋은 친구를 많이 가지고 있습니다.

・いい友だちはいくらいてもいいです。
좋은 벗은 얼마 있어도 좋습니다.

取り消し、キャンセル　취소[チュイソ]　캔슬[ケンスル]
・先日、注文したものは取り消しますので、ご了解下さい。
일전에 주문한 것을 취소하고 싶으니 양해해 주시기 바랍니다.

取り引き　거래[コレ]
・取り引きしたいのですが、昨日の条件でいいでしょうか。
거래를 하고 싶습니다만, 작년 조건으로 괜찮으신지요?
・取り引きを見合わせたいと思います。
거래를 중지하고 싶습니다.

努力　노력[ノリョク]
・努力がついに実を結びました。
노력이 드디어 열매를 맺었습니다.
・そりゃ、君の努力次第だよ。
그건 당신이 얼마나 노력하냐에 달렸지.
・努力すれば、いつかは芽が出るからね。
노력하면 언젠가 결실을 맺을 꺼야.
・結果ばかり望まないで、もっと努力しなくっちゃ。
결과만 바라지 말고 좀 더 노력해라.
・日頃の努力がものを言うよ。
평소의 노력이 결과를 낳는다.
・私が若かった頃は、時間があれば常に努力したよ。
내가 젊었을 때는 시간이 나면 항상 노력했지.

な

名 이름[イルム]
- 先生に子供の名前をつけてもらいたくて、お手紙しました。
  선생님께서 아이의 이름을 지어주셨으면하고 편지를 썼습니다.
- 私の名前は父がつけてくれました。
  저의 이름은 아버지가 지어주셨습니다.

長い 길다[キルダ]
- 思い起こせば長い年月が流れました。
  돌이켜보면 긴 세월이 흘렀습니다.
- 前日長い手紙を拝見しました。
  전날에 긴 편지를 받아보았습니다.
- 人生って、長いようであまり短いよ。
  인생은 긴 것 같지만 너무 짧아요.
- あんまり長い時間かけちゃいやよ。
  너무 긴 시간이 걸리는 것은 싫어요.

仲が良い 사이좋다[サイチョッタ]
- あなたは仲が良い友だちがいっぱいいて、羨ましいです。
  당신은 사이좋은 친구가 많이 있어 부럽습니다.

流す 흘리다[フルリダ]
- 昔のことは水に流して忘れましょう。
  지난 일은 물에 흘리고 잊어버립시다.

中身 알맹이[アルメンイ] 내용[ネヨン]

- 人間は見かけじゃないんだ。中身だからね。
  사람은 외모가 아니다. 내용이니까.
- 中身のない話はもうするなよ。
  알맹이가 없는 이야기는 더 이상 하지 마.

泣く　울다[ウルダ]
- 泣きたい気持ちです。
  울고 싶은 심정입니다.
- 人生では泣くこともあるし、笑うこともあります。
  인생에서는 울 일도 있고 웃을 일도 있습니다.

仲よく　사이좋게[サイチョッケ]
- とにかく、自己主張ばかりせずに仲よくすることだ。
  어쨌든(좌우간), 자기주장만 하지 말고 사이좋게 지내야 한다.
- 仲よくするだけで十分です。
  사이좋게 지내는 것만으로 충분하다.

慰める、慰労する　위로하다[ウィロハダ]
- 私の不幸を慰めて下さり、すみませんでした。
  나의 불행을 위로해 주서서 감사합니다.
- 慰められるだけじゃなく、自分の力で自ら立ち上がろうと思います。
  위로받지만 말고 자기 힘으로 스스로 일어 서려고 합니다.

夏　여름[ヨルム]
- 今年も蒸し暑い夏になりました。
  올해도 무더운 여름이 되었습니다.

- 今年の夏はハワイで過す予定です。

  올 여름은 하와이에서 지낼 예정입니다.

懐かしい　그립다[クリプタ]

- 中学生の頃が懐かしいです。

  중학생 시절이 그립습니다.

- あなたと出会った頃が懐かしいです。

  당신과 만났던 때가 그립습니다.

怠ける　게으르다[ケウルダ]

- 怠けたくて怠けているのではありません。

  게으르고 싶어서 게으른게 아닙니다.

- いつの間にか怠ける癖がついてしまいました。

  어느새 게으른 것이 버릇이 되어버렸습니다.

何　무엇[ムオッ]

- あの時の言葉は何だったのですか。

  그때의 말씀은 무엇이었습니까?

- 今が何より大切だ。力を抜いちゃいけないよ。

  지금이 무엇보다도 중요하다. 힘을 빼서는 안 된다.

涙　눈물[ヌンムル]

- 熱い涙を流しました。

  뜨거운 눈물을 흘렸습니다.

- 涙を払って頑張っていくつもりです。

  눈물을 훔치고 노력할 생각입니다.

悩み　고민[コミン]

- 青春の悩みは誰もが経験するものです。

  청춘의 고민은 누구나 경험하는 것입니다.

- 個人的な悩み、他人に言えない悩みは誰にでもあるものです。

  개인적인 고민, 남에게 말 못하는 고민은 누구에게나 있습니다.

習う　배우다[ペウダ]
- 私は今ハングルを習っています。

  나는 지금 한글을 배우고 있습니다.
- この次は、英語を習いたいです。

  이 다음은 영어를 배우고 싶습니다.

何とか　그럭저럭[クロクチョロク]　어떻게[オットッケ]
- 私もなんとか元気でやっています。

  저도 그럭저럭 건강하게 지내고 있습니다.
- この前頼んだ件はなんとかならないでしょうか。

  전번에 부탁한 건은 어떻게 안 되겠습니까?

に

似合う　어울리다[オウルリダ]
- この前紹介してくれた人は、あなたに似合うと思います。

  전번에 소개해 준 사람은 당신에게 어울린다고 생각합니다.
- 送って下さった服はよく似合うと周囲から言われます。

  보내 주신 옷은 잘 어울린다고 주위로부터 말 듣습니다.

苦い　쓰다[スダ]

- この度は私も苦い経験をしました。
  이번에는 저도 쓴 경험을 하였습니다.
- 人生には苦いことも甘いこともあります。
  인생에는 쓴 일도 달콤한 일도 있습니다.

憎い　밉다[ミプタ]
- 私はあなたを憎んでいました。
  나는 당신을 미워하고 있었습니다.
- 愛が強かったぶん憎んでいます。
  사랑이 깊었던 만큼 미워하고 있습니다.

入学　입학[イプパク]
- お蔭さまで息子が無事に大学に入学しました。
  덕분에 아들이 무사히 대학에 입학했습니다.
- 娘さんの大学入学おめでとうございます。
  따님의 대학입학을 축하합니다.

ニュース、消息　뉴스[ニュス]　소식[ソシク]
- 今日はいいニュースがあります。
  오늘은 좋은 뉴스가 있습니다.
- 嬉しいニュース(消息)を伝えます。
  반가운 소식을 전하겠습니다.

似る　닮다[タムタ]
- 子供は父親によく似ています。
  아이는 아버지를 많이 닮았습니다.
- 状況が非常に似ています。
  상황이 많이 닮았습니다.

人気　인기[インキ]

- 彼は人気のある歌手です。
  그는 인기 있는 가수입니다.
- 先生は学校で人気があります。
  선생님은 학교에서 인기가 있습니다.

人間　인간[インガン]
- 私はそんな人間ではありません。
  저는 그런 인간이 아닙니다.
- 人間は顔じゃないからね。
  사람은 얼굴이 아니니깐.
- 口先だけの人間は信じちゃいけない。
  말만 하는 인간은 믿어서는 안 된다.
- 金遣いが荒い人間はよくないよ。
  씀씀이가 헤픈 사람은 좋지 않아요.

人情　인정[インジョン]
- 彼は人情の厚い方です。
  그는 인정이 두터운 분입니다.
- あの人は温かい人情を持っています。
  저 사람은 따뜻한 인정을 가지고 있습니다.

ぬ

抜く　빼다[ペダ]
- 今が何より大切だから、力を抜くとすべてが無になるぞ。
  지금이 무엇보다도 중요하니까, 힘을 빼면 모든 것이 무산돼.

・一度、無差別に抜いて検査してみます。
한 번 무차별로 빼서 검사해 보겠습니다.

ね

願う　바라다[パラダ]
・あなたの幸せを願います。
당신의 행복을 바랍니다.
・あなたの願っていることはうまくいくでしょう。
당신이 바라고 있는 것은 잘 될 것입니다.

熱心に　열심히[ヨルシミ]
・息子は熱心に勉強しています。
아들은 열심히 공부하고 있습니다.
・あなたは何でも熱心にする人です。
당신은 무엇이라도 열심히 하는 사람입니다.

眠る　자다[チャダ]
・いま子供は眠っています。
지금 아이는 자고 있습니다.
・私も手紙を書いてから眠ります。
나도 편지를 쓰고 나서 자겠습니다..

年末　연말[ヨンマル]
・いつのまにかもう年末です。
어느새 벌써 연말입니다.
・年末なので毎日がとても忙しいです。
연말이므로 매일이 매우 바쁩니다.

年齢　연령[ヨルリョン]

- 女性には年齢を聞きません。
  여성에게는 연령을 묻지 않습니다.
- あなたには年齢にふさわしい風格があります。
  당신은 연령에 (알)맞는 품격이 있습니다.

の

逃す　놓치다[ノッチダ]
- この機会を逃さないようにしよう。
  이 기회를 놓치지 않도록 하자.

残る　남다[ナムタ]
- 私はここに残ります。
  나는 이곳에 남겠습니다.
- まだ可能性は残っていると思います。
  아직 가능성은 남아 있다고 생각합니다.

望み　염원[ヨムォン]
- 大きな望みを持っています。
  큰 염원을 가지고 있습니다.
- 私の望みはその分野で成功することです。
  나의 염원은 그 분야에서 성공하는 것입니다.

述べる　말하다[マルハダ]
- 今後のことは会ったときに述べます。
  이후의 일은 만났을 때에 말하겠습니다.
- あなたも意見をはっきり述べて下さい。
  당신도 의견을 똑똑히 말해 주십시오.

飲む　마시다[マシダ]

- お酒をあまり飲まないで下さい。
  술을 지나치게 마시지 마세요.
- 今度お会いしたときはビールでも飲みましょう。
  이번에 만났을 때는 맥주라도 마십시다.

は

入る 들어가다[トゥロカダ]
- 娘がこんど小学校に入りました。
  딸이 이번에 초등학교에 들어갔습니다.
- 私もサークルに入ることにしました。
  나도 서클에 들어가기로 했습니다.

励ます、激励する 격려하다[キョンニョハダ]
- あなたはいつも私を励ましてくれました。
  당신은 언제나 나를 격려해 주었습니다.
- いつも励ましていただき光栄です。
  언제나 격려해 주셔서 영광입니다.

始まる 시작하다[シジャッカダ]
- また学校が始まります。
  또 학교가 시작합니다.
- 私にとって新しい生活が始まります。
  나에게 있어 새로운 생활이 시작됩니다.

初め 처음[チョウム]
- あとで後悔するようなことは初めからするんじゃないよ。
  나중에 후회할 일은 처음부터 하지마라.
- それは初めて聞く話だよ。
  그것은 처음 듣는 이야기야.

恥ずかしい　부끄럽다[プクロプタ]
- 先日は久しぶりにお会いして、あなたがあまりにも立派に見え、私は少し恥ずかしかったです。
  전일은 오래간만에 만나뵙고 당신이 너무나도 훌륭해 보여 자신이 조금 부끄러웠습니다.
- そんなことをしたから、少し恥ずかしいね。
  그러한 짓을 했으니, 좀 부끄럽군요.

働く　일하다[イルハダ]
- 人は働かなくてはいけません。
  사람은 일하지 않으면 안 됩니다.
- 私も来週から働くつもりです。
  나도 다음 주부터 일할 예정입니다.

発展　발전[パルチョン]
- あなたの事業の発展を祈ってます。
  당신 사업의 발전을 기도하고 있습니다.
- お蔭さまで私もずいぶん発展しました。
  덕분에 저도 많이 발전했습니다.

派手、華麗　화려[ファリョ]
- 派手な女性とはつき合わないのがいいと思うよ。
  화려한 여성과는 사귀지 않는 것이 좋다고 생각한다.
- 派手なジェスチャーは嫌われるよ。
  지나친 제스처는 미움을 받는다.

話　이야기[イヤギ]
- 次の機会に心おきなく話が出来ると思います。
  다음 기회에 마음 놓고 이야기할 수 있으리라 생각합니다.

- 私の話をよく聞いて下さい。

  내 이야기를 잘 들어 주십시오.

母　어머니[オモニ]

- 母を大事に世話しています。

  어머니를 소중히 모시고 있습니다.

- 母は愛情あふれるやさしい人です。

  어머니는 사랑이 넘치는 상냥한 사람입니다.

早く　빨리[パルリ]

- 早くお目にかかりたいです。

  빨리 만나 뵙고 싶습니다.

- お待ちしていますので早く遊びに来て下さい。

  기다리고 있으므로 빨리 놀러 와 주십시오.

腹が立つ　부아가 나다[プアガナダ]　**화가 나다**[ファガナダ]

- その事に関しては本当に腹が立ちました。

  그 일에 관해서는 정말로 부아가 났습니다.

- 腹が立って我慢出来ませんでした。

  부아가 나서 참을 수 없었습니다.

- 腹を立てたらいけない。

  화를 내면 안 돼.

春　봄[ポム]

- すべてが芽ぶく春になりました。

  만물이 움트는 봄이 되었습니다.

- 春の陽射しは暖かいです。

  봄의 햇살은 따사롭습니다.

晴れる　개이다[ケイダ]

- この頃の天気はよく晴れます。
  요사이 날씨는 자주 개어있습니다.
- 雲一つない澄んで晴れた空です。
  구름 한 점 없는 맑게 갠 하늘입니다.

繁栄　번영[ポニョン]
- 貴社の繁栄を祈ります。
  귀사의 번영을 기원합니다.
- ますます繁栄しているというから、よろこばしいです。
  더더욱 번영하고 있다고 하니 기쁩니다.

反省　반성[パンセン]
- 私はいつも反省しています。
  나는 언제나 반성하고 있습니다.
- 反省するばかりでなく、行動で直していくことが大事です。
  반성만이 아니라 행동으로 고쳐가는 것이 중요합니다.

反対　반대[パンデ]
- あなたがすることに反対しません。
  당신이 하는 일에 반대하지 않습니다.
- 今日はなぜ私があなたの意見に反対したのかを、書きます。
  오늘은 왜 내가 당신의 의견에 반대했는가를 쓰겠습니다.

判断　판단[パンダン]
- 私の判断が誤ったようです。
  내 판단이 틀린 것 같습니다.

- 先生の判断に従ってうまくいきました。

  선생님의 판단에 따라서 잘 되었습니다.

ひ

被害　피해[ピヘ]

- この度はどのぐらいの被害を受けましたか。

  이번에는 어느 정도의 피해를 입었습니까?

- 今年は台風の被害が多いようです。

  올해는 태풍의 피해가 많은 것 같습니다.

日頃、平素　평소[ピョンソ]

- 日頃の礼儀や挨拶には気をつけるんだよ。

  평소 예의와 인사에는 신경써야 한다.

- 日頃から君のことを心配してます。

  평소부터 당신을 걱정하고 있습니다.

- 日頃の努力がものを言うよ。

  평소의 노력이 결과를 낳는다.

久し振り　오래간만[オレガンマン]

- 久し振りに旧友と過ごしました。

  오래간만에 옛 친구와 지냈습니다.

- 昨日久し振りにお電話をいただき、嬉しかったです。

  어제 오래간만에 전화를 걸어 주셔서 기뻤습니다.

引っ越す　이사하다[イサハダ]

- 今度お宅の近くに引っ越しましたので、遊びに来て下さい。

  이번에 댁 근처에 이사했으니 놀러 와 주십시오.

- 来週引っ越しますが、新居の住所は追ってお知らせします。
  내주 이사합니다만 새 집의 주소는 추후에 알려 드리겠습니다.

必要　필요[ピリョ]
- 私は今あなたを必要としています。
  나는 지금 당신을 필요로 하고 있습니다.
- ハングルを勉強する必要性を今、心から感じています。
  한글을 공부할 필요성을 지금 마음으로 느끼고 있습니다.

人　사람[サラム]
- 人の心がいちばん大切です。
  사람 마음이 가장 귀중합니다.
- あの人は人がいいです。
  저 사람은 사람이 좋습니다.

一人　한 사람[ハンサラム]　한 명[ハンミョン]　일인[イリン]
- その部屋には一人もいません。
  그 방에는 한 사람도 없습니다.
- 一人の力はたいしたことないよ。
  한 명의 힘은 대단한 것이 아니다.
- 一人でも十分できますから。
  한 명이어도 충분히 가능하니깐.
- 一人前(分)追加して下さい。
  일 인분 추가해 주세요.

暇　틈[トゥム]
- 暇が出来たら遊びに来て下さい。
  틈이 나면 놀러 와 주십시오.

- 暇を見つけて勉強しています。

  틈을 내서 공부하고 있습니다.

病気　병[ピョン]

- 病気で1週間ほど入院していました。

  병때문에 1주일쯤 입원하고 있었습니다.

- くれぐれも病気しないように注意して下さい。

  부디 병나지 않도록 조심해 주십시오.

評判、噂(うわさ)　평판[ピョンパン]　소문[ソムン]

- あの病院は評判がいいので、一度行かれてみたらどうでしょう。

  저 병원은 평판이 좋으니 한 번 가 보시면 어떻습니까?

- 今度のことで彼も評判を落としました。

  이번 일로 그의 평판도 나빠졌습니다.

- この店の噂はどうですか。

  이 가게 소문은 어떻습니까?

昼　낮[ナッ]

- 近頃、昼は暑いです。

  요사이 낮은 덥습니다.

- 昼は暖かくても朝晩は寒いです。

  낮에는 따뜻해도 아침 저녁은 춥습니다.

疲労　피로[ピロ]

- 昨日見たときとても疲労してるみたいだったので、心配して手紙を出しました。

  어제 보았을 때 매우 피로해 보여서 걱정이 되어 편지를 썼습니다.

- 疲労したときは風呂に入って、ゆっくり休むことが一番です。

  피로했을 때는 목욕을 하고 푹 쉬는 것이 제일입니다.

貧乏　가난[カナン]
- 昔は貧乏でしたが今はよくなりました。

  예전에는 가난했지만 지금은 좋아졌습니다.
- あの人は貧乏に負けず、ついに成功しました。

  저 사람은 가난에 지지않고 드디어 성공했습니다.

ふ

不安　불안[プラン]
- 私にはまだ不安が残っています。

  나에게는 아직 불안이 남아 있습니다.
- あなたに対して不安を感じていました。

  당신에 대해 불안을 느끼고 있었습니다.

風景　풍경[プンギョン]
- ここの風景はすばらしいです。

  이곳의 풍경은 멋집니다.
- 今度の個展には風景画を何点か展示します。

  이번의 개인전에는 풍경화를 몇 점인가 전시합니다.

夫婦　부부[ブブ]　내외[ネウェ]
- 夫婦同伴で参加します。

  부부동반으로 참가하겠습니다.
- 仲のいい夫婦でうらやましいです。

  사이 좋은 부부라서 부럽습니다.

・今日、大統領夫妻は米国を訪問します。
　오늘 대통령 내외는 미국을 방문합니다.

不幸　불행[プレン]
・昔は不幸でしたが、今は幸せです。
　예전에는 불행했지만 지금은 행복합니다.
・あなたには、不幸な境遇などは理解できないでしょう。
　당신은 불행한 처지를 이해하지 못 할 것입니다.

無事　무사(히)[ムサ(ヒ)]
・あなたの無事を祈ります。
　당신의 무사를 빕니다.
・無事(に)到着したので安心して下さい。
　무사히 도착했으니 안심하십시오.

不満　불만[プルマン]
・不満を言ったらきりがありません。
　불만을 말하면 끝이(한이) 없습니다.
・あなたに不満を持っていました。
　당신에게 불만을 가지고 있었습니다.

冬　겨울[キョウル]
・寒い冬が巡ってきました。
　추운 겨울이 돌아왔습니다.
・今年の冬はよく雪が降ります。
　올 겨울은 눈이 많이 내립니다.

故郷　고향[コヒャン]
・異国の地では懐かしいのは、家族と故郷です。
　이국땅에서 그리운 것은 가족과 고향입니다.

・今年は故郷に帰る予定です。

올해는 고향에 돌아갈 예정입니다.

へ

平凡　평범[ピョンボム]

・私は平凡な日々を送っています。

나는 평범한 나날을 보내고 있습니다.

・非凡な人より平凡な人の方が、気が楽かも知れません。

비범한 사람보다 평범한 사람쪽이 마음이 편할지 모르겠습니다.

平和　평화[ピョンファ]

・平和はもっとも貴いものです。

평화는 가장 고귀한 것입니다.

・今は平和な世の中なので、私たちはいちばん幸せかも知れません。

지금은 평화로운 세상이므로 우리들이 가장 행복할지 모릅니다.

ベスト　베스트[ペストゥ]　**최선**[チェソン]

・ベストを尽くせば、結果がついて来るからね。

최선을 다하면 결과는 따라온니까요.

・ベストを尽くしてみましょう。

베스트를 다해 봅시다.

・ベストを尽くせば、そのうち認められますからね。

베스트를 다하면 언젠가는 인정을 받을 것이니깐.

返事　답장[タプチャン]

- 返事が遅くなってすみません。

  답장이 늦어져서 죄송합니다.
- 返事をいただいてありがとう。

  답장을 주셔서 감사합니다.
- 煮え切らない返事はだめよ、はっきりして下さい。

  애매한 대답은 안 되요. 확실히 해 주세요.

弁償　변상[ピョンサン]

- 損害を弁償して下さい。

  손해를 변상해 주십시오.

ほ

方向　방향[パンヒャン]

- 方向を転換しなよ。

  방향을 전환해 보지.

報告　보고[ポゴ]

- あなたから受けた報告を検討しました。

  당신의 보고를 검토하였습니다.
- 今、報告の内容を整理中でした。

  지금 보고내용을 정리중이었습니다.

抱負　포부[ポブ]

- 大きな抱負を持って社会に第一歩を印しました。

  큰 포부를 안고 사회에 첫발을 내디뎠습니다.
- 今日は私の抱負を語ります。

  오늘은 나의 포부를 말하겠습니다.

方法　방법[パンボプ、パンポプ]
- いい方法を考えて下さい。
  좋은 방법을 생각해 주십시오.
- 私はこの方法を取り(選び)ました。
  나는 이 방법을 택했습니다.

訪問　방문[パンムン]
- そのうちに訪問します。
  가까운 시일에 방문하겠습니다.
- 昨夜は突然訪問いたしまして、失礼しました。
  어제밤에는 갑자기 방문하여 실례하였습니다.

朗らか、明朗だ　명랑하다[ミョンランハダ]
- 私は朗らかな性格です。
  나는 명랑한 성격입니다.
- 夫は朗らかな人です。
  남편은 명랑한 사람입니다.

私、僕　나[ナ]
- 僕について、もっと知りたいと思いませんか。
  나에 대해 좀 더 알고 싶지 않습니까?
- 私が田中一夫です。
  제가 타나카 카즈오입니다.
- 私に(対して)そんなこと言っても仕方ないよ。
  저보고 그런 말해도 할 수 없어요.

ほとんど　거의[コウィ]
- 仕事はほとんど終りました。
  일은 거의 마쳤습니다.

- ほとんどすべての人が納得しています。

  거의 모든 사람이 납득하고 있습니다.

誉める、褒める　칭찬하다[チンチャンハダ]

- お褒めにあずかり光栄です。

  칭찬을 해주시다니 영광입니다.

- 父はいつもあなたを誉めています。

  아버지는 언제나 당신을 칭찬하고 계십니다.

惚れる　반하다[パナダ]

- 私はあなたに惚れました。

  나는 당신에게 반했습니다.

- 彼は彼女に惚れてるみたいです。

  그는 그녀에게 반한 것 같습니다.

本心　본심[ポンシム]

- 彼も本心ではそう思ってないでしょう。

  그도 본심으로는 그렇게 생각하고 있지 않을 것입니다.

- あなたに今、本心を打ち明けます。

  당신에게 지금 본심을 밝히겠습니다.

本当に　정말로[チョンマルロ]

- あなたは本当にいい人です。

  당신은 정말로 좋은 사람입니다.

- 私は本当にあなたが好きです。

  나는 정말로 당신을 좋아합니다.

ま

前、以前　이전[イジョン]　앞[アプ]

- あなたのことは前から知っていました。
  당신에 대해서는 이전부터 알고 있었습니다.
- 前にもましてよろしくお願いします。
  이전보다 더 잘 부탁하(부탁드리)겠습니다.
- 私の家の前に郵便局があります。
  우리 집 앞에 우체국이 있습니다.

前向き　좋은 쪽[チョウンチョク]　전향적으로[チョニャンチョグロ]
- 前向きに考えて下さい。
  좋은 쪽으로 생각하시기 바랍니다.
- その件については、現在前向きに検討中です。
  그 건에 관해서는 현재 전향적으로 검토중이다.

任せる　맡기다[マッキダ]
- あなたにすべてを任せます。
  당신에게 모든 것을 맡기겠습니다.
- 私に任せてくれてありがとう。
  나에게 맡겨주셔서 감사합니다.

孫　손자[ソンジャ]
- 孫の顔を見て下さい。
  손자의 얼굴을 봐 주십시오.
- その日は孫を連れて行きます。
  그 날은 손자를 데리고 가겠습니다.

真心　진심[チンシム]
- 真心のこもった贈り物をいただきまして、ありがとうございました。
  진심이 담겨진 선물을 보내주시어 감사합니다.

- 人に真心で接します。
  사람에게 진심으로 대합니다.
- 真心を尽くしたんだから。
  진심을 다했으니까.

正に　바로[パロ]
- まさにあなたの言う通りです。
  바로 당신이 말한 그대로 입니다.
- まさにそれが真実です。
  바로 그것이 진실입니다.

まし　낫다[ナッタ]
- ないよりは、うんとましだよ。
  없는 것보다는 훨씬 나아요.

真面目、誠実　성실[ソンシル]
- 真面目な人を紹介してくれてありがとう。
  성실한 사람을 소개해 주셔서 감사합니다.
- 人間真面目なことが一番です。
  사람은 성실한 것이 제일입니다.
- 真面目にコツコツやっていれば、いつかは認められるんだから。
  성실하게 열심히 하고 있으면 언젠가는 인정받으니깐.

先ず　우선[ウソン]
- まず懸案から処理していきましょう。
  우선 현안부터 처리해 갑시다.
- まず私の意見を述べましょう。
  우선 나의 의견을 말하겠습니다.

貧しい　가난하다[カナナダ]

- 彼は貧しい境遇に生まれました。
  그는 가난한 환경에서 태어났습니다.

益ます　더욱더[トウクト]
- 事業はますます拡大しています。
  사업은 더욱더 확대되고 있습니다.
- ますます健康になりました。
  더욱더 건강하게 되었습니다.

また　또[ト]　다시[タシ]
- またあなたにお目にかかることを、楽しみにしています。
  또 당신을 만나 뵐 것을 즐겁게 기다리고 있습니다.
- また今度連絡します。
  또 이번에 연락하겠습니다.
- また来られることを望みます。
  다시 와 주시기를 바랍니다.

まだ　아직[アジク]
- まだ一度も行ったことがありません。
  아직 한 번도 가 본 적이 없습니다.
- まだ勉強を続けています。
  아직 공부를 계속하고 있습니다.

間違い　틀림[トゥルリム]
- 今回は私の間違いでした。
  이번은 내가 틀렸습니다.
- 同じ間違いを二度と繰り返さないように努力することです。
  같은 잘못을 두 번 다시 되풀이하지 않도록 노력하는 것입니다.

待つ　기다리다[キダリダ]
- あなたの返事を待っています。
  당신의 답장을 기다리고 있습니다.
- なるべく早く行きますので待って下さい。
  되도록 빨리 가겠으니 기다려 주십시오.

全く　전혀[チョニョ]
- 全く彼の言ってることが理解できません。
  전혀 그가 말하고 있는 것을 이해 못합니다.
- あなたのしようとしてることは、全く理解できません。
  당신이 할려고 하는 것이 전혀 이해가 안 갑니다.

末筆　말필[マルピル]
- 末筆ながら皆様によろしくお伝え下さい。
  말필이지만 여러분께 잘 전해 주십시오.
- 末筆になりすみません。
  말필이어서 죄송합니다.

学ぶ　배우다[ペウダ]
- 私は今ハングルを学んでいます。
  나는 지금 한글을 배우고 있습니다.
- あなたは法律を学んでいるのですか。
  당신은 법률을 배우고 있습니까?

間に合う、充分だ　충분하다[チュンブナダ]　**족하다**[チョッカダ]
- 今は間に合ってます。
  지금은 충분합니다.

・その日はふだん着(平服)で間に合います。
　그 날은 평복으로 족합니다.

間も無く　곧[コッ]　머지않아[モジアナ]
・間もなく私のところに知らせが来ると思います。
　곧 나한테 소식이 오리라 생각합니다.
・まもなく期末試驗がはじまります。
　머지않아 기말시험이 시작됩니다.

守る　지키다[チキダ]
・あなたの立場を守って下さい。
　당신의 입장을 지켜 주십시오.
・私は自分の信念を守ります。
　나는 자신의 신념을 지키겠습니다.
・時間厳守だからね。守ってね。
　시간엄수니깐. 지켜주세요.

迷う　망설이다[マンソリダ]　주저하다[チュジョハダ]
・いつまでも迷ってばかりいられません。
　언제까지나 망설이고만 있을 수 없습니다.
・どっちにするか今、迷っています。
　어느 쪽으로 할까 지금 망설이고 있습니다.
・この期に及んで迷うなよ。
　막판에 와서 주저하지 마.

満足　만족[マンジョク]
・私はまだ満足していません。
　나는 아직 만족하지 못했습니다.

・この前の旅行は満足いたしました。
  전 번의 여행은 만족스러웠습니다.

み

身　몸[モム]
・身だしなみも大切だからね。
  몸가짐도 중요하다.
・身だしなみも大切だが、心をもっと磨くことだよ。
  몸가짐도 중요하지만, 마음을 더 닦아야 한다.

見える　보이다[ポイダ]
・いろいろと欠点が見えます。
  여러가지로 결함이 보입니다.
・恋をすると相手のいい点ばかり見えます。
  사랑을 하면 상대의 좋은 점만 보입니다.

見送る　바래다[パレダ]
・あなたが出発する日は、駅まで見送りに行きます。
  당신이 출발하는 날에는 역까지 배웅하러 가겠습니다.
・前日は、わざわざ、見送って下さりありがとう。
  전날에는 일부러 바래다 주셔서 감사합니다.

磨く　닦다[タッタ]
・身だしなみを磨くのも大切だが、もっと大切なことがあるよ。
  몸가짐을 닦는 것도 중요하지만, 더 중요한 것이 있어요.

見かけ　외모[ウェモ]

- 人間は見かけじゃないんだ。心がもっと大切なよ。
  사람은 외모가 아니다. 마음이 더(더욱) 중요해요.

見事　멋지다[モッチダ]
- あなたの作品は見事です。
  당신의 작품은 멋집니다.
- こんどの仕事は見事に成功しました。
  이번 일은 멋지게 성공했습니다.

見込み、予想　가망[カマン]　예상[イェサン]
- あなたのお子さんは見込みがあります。
  당신의 자제분은 가능성이 있습니다.
- 意図しないことがあり、とんだ見込み違いでした。
  뜻하지 않는 일로 예상이 빗나갔습니다.

見込み違い　헛다리 짚다[ホッタリチプタ]
- 今度は見込み違いしないで下さい。
  이번에는 헛다리짚지 마세요.

短い　짧다[チャプタ]
- 人生は長いようで短いよ。
  인생은 긴 것 같아도 짧아요.
- あなたとは短い間だったけれど、大変お世話になりました。
  당신과는 짧은 시간이었지만 많이 폐를 끼쳤습니다.

水　물[ムル]
- 焼け石に水だよ。
  헛수고다.
- 「北青水商売」って知ってますか。
  「북청 물장수」라고 아세요?

自ら(みずから)　스스로[ススロ]

・こんどの計画は自ら実行に移します。
　이번 계획은 스스로 실행에 옮기겠습니다.
・この仕事は私みずからしなくてはなりません。
　이 일은 제 스스로 하지 않으면 안됩니다.

店　가게[カゲ]

・こんど店を開きました。
　이번에 가게를 열었습니다.
・家と店を行ったり来たりしています。
　집과 가게를 왔다갔다하고 있습니다.

見せる　보이다[ポイダ]

・あなたに見せたい絵があります。
　당신에게 보여주고 싶은 그림이 있습니다.
・この前は貴重な宝物を見せていただきありがとうございました。
　전번에는 귀중한 보물을 보여 주셔서 감사합니다.

道　길[キル]

・人生とは険しい道かも知れません。
　인생이란 험악한 길인지도 모릅니다.
・成功への道を歩んで下さい。
　성공에로의 길을 걸어가십시오.

導く　이끌다[イクルダ]

・いつも私を導いて下さり、先輩には感謝しています。
　언제나 저를 이끌어(지도해) 주셔서 선배에게는 감사하고 있습니다.

- 先生のお導きどおり、頑張っています。
  선생님이 이끄시는 대로, 분발하고 있습니다.

認める、認定する　인정하다[インジョンハダ]
- あなたが優秀なことはみんなが認めています。
  당신이 우수한 것은 모두가 인정하고 있습니다.
- 私もやっと認められるようになりました。
  나도 이제 인정받게 되었습니다.
- 真面目にコツコツやっていれば、いつかは認められるんだから。
  성실하게 열심히 하고 있으면 언젠가는 인정받으니깐.

皆さん、皆様　여러분[ヨロブン]
- 私の今日の成功は皆様のお蔭です。
  나의 오늘의 성공은 여러분의 덕택입니다.
- 皆さんのご厚意で、娘はこの度就職することが出来ました。
  여러분의 후의로 딸이 이번에 취직하였습니다.

実る　열매맺다[ヨルメメッタ]
- 実るほど、首を垂れると言うじゃないか。もっと、謙虚にならなくっちゃ。
  열매는 익을 수록 머리를 숙인다고 하지 않는가. 더 겸손해져라.

見舞う　문안하다[ムナナダ]　문병하다[ムンビョンハダ]
- 先日病人を見舞いました。
  전날에 환자를 문병하였습니다.
- この前のお見舞い状は受け取りました。
  전날의 문안편지는 잘 받았습니다.

土産(みやげ)　선물[ソンムル]
- 友人たちにいい土産になります。
  친구들에게 좋은 선물이 됩니다.
- この前旅行にいったときの土産を贈ります。
  전번에 여행 갔을 때(적)의 선물을 보냅니다.

見る　보다[ポダ]
- あなたの作品はよく見ています。
  당신의 작품은 자주 보고 있습니다.
- 最近は、いっしょに映画を見に行く機会がありません。
  최근에는 같이 영화를 보러 갈 기회가 없습니다.

む

迎える　맞이하다[マジハダ]
- 来週だいじなお客様を迎えることになりました。
  내주 귀중한 손님을 맞이하게 되었습니다.
- これから母を迎えに行きます。
  이제부터 어머니를 맞이하러 갑니다.

昔　옛날[イェンナル]
- 昔のことでも忘れません。
  옛날 일이라도 잊지 못합니다.
- 昔の屋号(名前)でまだ商売やっています。
  옛날 간판(이름)으로 아직 장사하고 있습니다.
- 昔むかし、朝鮮半島(韓半島)には虎がたくさんいた。
  옛날 옛적 한반도(조선반도)에는 호랑이(범)가 많이 있었다.

報いる　보답하다[ポダプパダ]

- あなたの期待に報いるためにも努力してみます。
  당신의 기대에 보답하기 위해서도 노력해 보겠습니다.
- 私もやっと少し報いることが出来ました。
  나도 겨우 조금 보답할 수 있었습니다.

むしろ 오히려[オヒリョ]
- むしろこの度は行かなくてよかったと思います。
  오히려 이번에는 가지 않아서 잘 되었다고 생각합니다.
- むしろあなたの言うとおりにしたほうがよかったと思います。
  오히려 당신이 말하는 데로 하는 것이 좋았다고 생각합니다.

難しい 어렵다[オリョプタ]
- あなたの提起した問題は難しいと思います。
  당신이 제기한 문제는 어렵다고 생각합니다.
- 難しい問題もすべての力をあわせれば解決できるでしょう。
  어려운 문제도 모든 힘을 합치면 해결할 수 있을 것입니다.

息子 아들[アドゥル]
- このたび、息子が留学することになりました。
  이번에 아들이 유학하게 되었습니다.
- 息子がいつもお世話になっています。
  아들이 언제나 폐를 끼치고 있습니다.

娘 딸[タル] 따님[タニム]
- 娘が今度嫁ぐことになりました。
  딸이 이번에 시집가게 되었습니다.

- お蔭さまで娘がこんど演奏会を開くことになりました。
  덕분에 딸이 이번에 연주회를 열게 되었습니다.
- 朴さんの娘さんが、この度博士号を取りました。
  박씨 따님이 이번에 박사학위를 취득하였습니다.

無理　무리[ムリ]
- あなたの言ってることは無理があります。
  당신이 말하는 것은 무리가 있습니다.
- 無理しないように自然にやって下さい。
  무리 하지 않고 자연스럽게 해 주십시오

め

芽　싹[サク]
- 春になれば、木の芽が出てきます。
  봄이 되면 나무 싹이 나옵니다.
- 努力すれば、そのうち芽が出るからね。
  노력하면 언젠가 싹이 나올 꺼야.

目　눈[ヌン]
- あなたの目は間違いありません。
  당신의 눈은 틀림 없습니다..
- 君の目はとても綺麗です。
  당신의 눈은 매우 곱습니다.
- 目からウロコが落ちるような思いです。
  깨달은 심정입니다.

冥福　명복[ミョンボク]

・先生のご冥福を祈ります。
　선생님의 명복을 빕니다.
・ご尊父様のご冥福をお祈りします。
　부친의 명복을 빕니다.

名誉　명예[ミョンイェ]
・あなたを友人に持って名誉に思っています。
　당신의 친구인 것을 명예롭게 생각합니다.
・私の名誉にかかわる問題です。
　나의 명예와 관련된 문제입니다.

迷惑をかける　폐를 끼치다[ペルル キチダ]
・いつもあなたには迷惑をかけています。
　언제나 당신에게는 폐를 끼치고 있습니다.
・当分息子が迷惑をかけると思いますが、よろしくお願いします。
　당분간 아들이 폐를 끼치리라 생각합니다만 잘 부탁합니다.

めでたい、祝賀する　축하하다[チュッカハダ]
・ご子息が結婚することになったというから、ほんとうにめでたいです。
　아드님이 결혼하게 되었다니 정말로 축하합니다.
・祝賀することが重なりました。
　축하할 일이 겹쳤습니다.

も

儲ける　벌다[ポルダ]

- 去年は私も少し儲けました。

  작년에는 나도 조금 벌었습니다.
- 今年は少し儲けようと思っています。

  올해는 좀(조금) 벌려고 생각하고 있습니다.

申し訳ない　미안하다[ミアナダ]
- この度の不始末につきましては、誠に申し訳ありません。

  이번 부주의에 대해서는 참으로 미안합니다.
- いつもお願いばかりして申し訳ありません。

  언제나 부탁만 드려 미안합니다.

目的　목적[モクチョク]
- 目的をしっかり持って前進して下さい。

  목적을 똑똑히 가지고 전진해 주십시오.
- 目的を達するためには一にも二にも努力です。

  목적을 달성하기 위해서는 첫째도 둘째도 노력입니다.

目標　목표[モクピョ]
- 大きな目標を持っています。

  큰 목표를 가지고 있습니다.
- 必ず目標を達成して下さい。

  반드시 목표를 달성해 주십시오.

勿論　물론[ムルロン]
- 勿論私はあなたの意見に賛成です。

  물론 나는 당신의 의견에 찬성입니다.
- 私とあなたは、どんなことがあっても勿論友人です。

  나와 당신은 무엇이 있어도 물론 벗(친구)입니다.

持つ　가지다[カジダ]

- 私も自分の夢を持っています。
  저도 제 꿈을 가지고 있습니다.
- あなたの持っている本を借して下さい。
  당신이 가지고 있는 책을 빌려 주십시오.

戻る   되돌아가(오)다[トェドラカ(オ)ダ]
- もとの鞘(さや)に戻る(収まる)。
  원상태로 되돌아간다.
- 早く戻ってきて下さい。
  빨리 되돌아와 주십시오.

物   물건[ムルゴン]
- いい物を頂いて感謝しております。
  좋은 물건을 주셔서 감사드립니다.
- 借りた物は今度必ずお返しします。
  빌린 물건은 이번에 꼭 돌려드리겠습니다.

貰う   얻다[オッタ]   받다[パッタ]
- この度は私もほうびを貰いました。
  이번에는 나도 포상을 받았습니다.
- 母からいつも小遣いを貰っていました。
  어머니로부터 언제나 용돈을 받았습니다.

や

焼く   태우다[テウダ]   굽다[クプタ]
- 戦争で家々がすっかり焼きはらわれた。
  전쟁으로 집집이 깡그리 태워버렸다.
- サツマイモを焼いて食べた。
  고구마를 구워 먹었다.

- 焼き栗。

  구운 밤.
- 焼けクソ(自暴自棄)になったらいけないよ。

  자포 자기해서는 안 된다.

  ※暴は「폭」とも「포」とも読む。

約束　약속[ヤクソク]
- 彼とは将来を約束しました。

  그와는 장래를 약속했습니다.
- 人との約束は守らなければなりません。

  사람과의 약속은 지키지 않으면 안 됩니다.

役立つ　쓸모(가) 있다[スルモガ イッタ]　**도움이 되다**[トウミ テダ]
- 社会に役立つ人になりたいです。

  사회에 쓸모있는 사람이 되고 싶습니다
- あなたの研究は成功すれば、とても役立つことです。

  당신의 연구는 성공하면 매우 쓸모가 있는 것입니다.

役割　역할[ヨッカル]
- 人にはそれぞれ役割があります。

  사람에게는 각자의 역할이 있습니다.
- あなたの役割をよく考えることです。

  당신의 역할을 잘 생각하십시오.

易しい　쉽다[スィプタ]
- 問題は比較的やさしかったです。

  문제는 비교적 쉬웠습니다.
- 易しい課題から解くようにしています。

  쉬운 과제부터 풀도록 하고 있습니다.

優しい　상냥하다[サンニャンハダ]
- あなたは優しい人です。
  당신은 상냥한 사람입니다.
- 彼は優しい声で言いました。
  그는 상냥한 목소리로 말했습니다.

安い　싸다[サダ]
- あの品物は確かに安かったです。
  저 물건은 확실히 쌌습니다.
- いつも安い物を探しています。
  언제나 싼 물건을 찾고 있습니다.
- もう少し、安くしてもらえないでしょうか。せめて、10％くらい価格を下げてもらえるととても助かります。
  좀더 싸게 안 되겠습니까? 적어도 10％정도 가격을 싸게 해 주시면 매우 도움이 됩니다.

休み　휴가[ヒュガ]
- こんど一週間休みを貰いました。
  이번에 1주일간 휴가를 받았습니다.
- 待ちに待った休みが遂に来ました。
  기다리고 기다리던 휴가가 드디어 왔습니다.

やっと、ようやく　이제[イジェ] **드디어**[トゥディオ]
- 私もやっと成功しました。
  나도 이제 성공하였습니다.
- やっとこの度、そちらに行くことになりました。
  드디어 이번에 그쪽에 가게 되었습니다.

止むを得ず　마지 못해[マジ モッテ]

・私も止むを得ず辞めることになりました。

나도 마지 못해 그만 두게 되었습니다.

・この度は止むを得ず彼に代わってもらいました。

이번에는 마지 못해 그와 바꿔 받았습니다.

辞める　그만두다[クマンドゥダ]

・私も先月で大学を辞めました。

나도 지난 달에 대학을 그만두었습니다.

・辞めて今度は何をするんですか。

그만두고 이번에는 무엇을 합니까?

ゆ

勇気　용기[ヨンギ]

・あの人は勇気のある人です。

저 사람은 용기있는 사람입니다.

・彼は男らしい勇気を持っています。

그는 남자다운 용기를 가지고 있습니다.

友情　우정[ウジョン]

・私とあなたの友情は変わりません。

나와 당신의 우정은 변함이 없습니다.

・私たちの友情は永遠です。

우리의 우정은 영원합니다.

有名　유명[ユミョン]　이름 있는[イルム　インヌン]

・あの方は有名な学者です。

저 분은 유명한 학자입니다.

- ここは有名な温泉地です。
  여기는 이름 있는 온천입니다.

ユーモア　유머[ユウモ]
- あなたはユーモアのある方です。
  당신은 유머있는 분입니다.
- 私はユーモアのある人が好きです。
  나는 유머가 있는 사람을 좋아합니다.

愉快　유쾌[ユクェ]
- この前は愉快なひとときを過ごしました。
  요전에는 유쾌한 한 때를 지냈습니다.
- あなたと一緒にいると愉快です。
  당신과 함께 있으면 유쾌합니다.

雪　눈[ヌン]
- 今年の冬は雪がよく降ります。
  올 겨울은 눈이 많이 옵니다.
- こちらは雪ですが、そちらの天気はどうでしょうか。
  이쪽은 눈이 내리는데 그 쪽 날씨는 어떻습니까?

譲る　양보하다[ヤンボハダ]
- 妥協はお互い譲ることから成立する。
  타협은 서로 양보하는데서 성립한다.
- お互いに譲りあっていい関係を保とう。
  서로 양보하여 좋은 관계를 유지하자.

油断　방심[パンシム]
- 油断は禁物ですよ。注意しなさい。
  방심은 금물이다. 주의하세요.

- 油断してはいけないよ。

  방심해서는 안 된다.
- 油断大敵だからね。

  방심은 대적이다.

  ※방심은 漢字で放心。

夢　꿈[クム]
- 私の夢はあなたと一緒に暮らすことです。

  나의 꿈은 당신과 같이 사는 것입니다.
- あなたの夢を実現するときがきました。

  당신의 꿈을 실현할 때가 왔습니다.
- 夢を持つことはいいが、もっと大切なことは夢に向かって、一歩1歩努力することだね。

  꿈을 갖는 것은 좋지만, 더 중요한 것은 꿈을 향해 한발 한발 노력하는 것이에요.
- いつも夢を持たねばなりません。

  항상 꿈을 가져야 합니다.

許す　허가하다[ホガハダ]　용서하다[ヨンソハダ]
- 二人の結婚を許すことにしました。

  두사람의 결혼을 허가하기로 하였습니다.
- 勝手気ままな行動を許して下さい。

  제멋대로 하는 행동을 용서해 주십시오.

よ

良い　좋다[チョッタ]

- あなたの性格は良いと思います。
  당신은 성격이 좋다고 생각합니다.
- 自分が良いと思うことを他人にして下さい。
  자기가 좋다고 생각하는 것을 남에게(한테) 하십시오.

用意　준비[チュンビ]　용이[ヨンイ]
- いつ来ても用意が出来ています。
  언제 와도 준비가 되어 있습니다.
- いつでも提案を受け入れる用意があります。
  언제라도 제안을 받아드릴 용의가 있습니다.

用事　용건[ヨンコン]
- 用事はなんでしょう。
  용건이 뭡니까?
- ちょっと用事があって来週は地方に出かけます。
  좀 용건이 있어서 다음 주는 지방에 갑니다.

様子　모양[モヤン]　모습[モスプ]
- ずいぶん変った様子です。
  상당히 변한 모양입니다.
- 雲の様子からも秋を感じるようになりました。
  구름(의) 모양에서도 가을을 느끼게 되었습니다.
- 昔会ったときはみすぼらしい様子でした。
  옛날에 만났을 적에는 초라한 모습이었습니다.

予定　예정[イェジョン]
- あなたの挨拶を予定に入れています。
  당신의 인사말을 예정에 넣었습니다.

・旅行地での予定は下記の通りです。
　여행지에서의 예정은 하기(아래)와 같습니다.

世の中　세상[セサン]
・世の中もずいぶん変わりました。
　세상도 많이 변했습니다.
・世の中にはいろんな人がいます。
　세상에는 가지각색 사람이 있습니다.

読む　읽다[イクタ]
・この頃は小説と詩を読んでいます。
　요즘은 소설과 시를 읽고 있습니다.
・あなたの手紙を読みました。
　당신의 편지를 읽었습니다.

余裕　여유[ヨユー]
・今は忙しくて気持ちに余裕がありません。
　지금은 바빠서 마음에 여유가 없습니다.
・余裕のある人は羨ましいです。
　여유가 있는 사람이 부럽습니다.

夜　밤[パム]
・今はもう夜も11時を過ぎています。
　벌써 밤도 11시를 넘고 있습니다.
・最近は夜遅く帰ることが多いです。
　최근에는 밤 늦게 들어가는 일이 많습니다.

喜び　기쁨[キプム]
・あなたの出世は私の喜びでもあります。
　당신의 출세는 나의 기쁨이기도 합니다.

・昨日はささやかな喜びをともにしました。
　어제는 작은 기쁨을 같이 하였습니다.

宜しく　잘[チャル]
・ご両親にも宜しくお伝えください。
　부모님께도 잘 전해 주십시오.
・これからも宜しくお願いします。
　앞으로도 잘 부탁합니다.

弱い　약하다[ヤッカダ]
・あなたは意志が弱い人です。
　당신은 의지가 약한 사람입니다.
・私は今弱い立場にいます。
　나는 지금 약한 입장에 있습니다.

ら

来年　내년[ネニョン]　명년[ミョンニョン]
・来年は海外旅行に行きます。
　내년에는 해외여행을 갑니다.
・来年は私たちの年にしましょう。
　내년은 우리들의 해로 만듭시다.
・明年(来年)は長男も小学校に入ります。
　명년(내년)은 장남도 초등학교에 들어갑니다.

来訪　내방[ネバン]
・あなたの来訪をお待ちしています。
　당신의 내방을 기다리고 있겠습니다.

・その日は午後3時に来訪して下さい。
그날은 오후 3시에 내방해 주십시오.

り

利益　이익[イイク]
・今年は少なからぬ利益を得ました。
올해는 적지 않은 이익을 얻었습니다.
・双方の利益のために譲歩しましょう。
쌍방의 이익을 위하여 양보합시다.

理解　이해[イヘ]
・あなたは私の理解者です。
당신은 나의 이해자입니다.
・あなたは本当に理解の早い人です。
당신은 정말로 이해가 빠른 사람입니다.

立派だ　훌륭하다[フルリュンハダ]
・本当に立派な方です。
정말로 훌륭한 분입니다.
・今度は立派な作品を出品なさいました。
이번에는 훌륭한 작품을 출품하셨습니다.

理由　이유[イユ]
・もっともらしい理由をつけてもだめです。
그럴듯한 이유를 붙여도 안 됩니다.
・明白な理由を述べてください。
명백한 이유를 말해 주십시오.

療養　요양[ヨヤン]

・長い療養生活をしています。
　오랜 요양생활을 하고 있습니다.
・母は今療養所に行っています。
　어머니는 지금 요양소에 계십니다.

旅行　여행[ヨヘン]
・このたびは意義深い旅行でした。
　이번에는 의의깊은 여행이었습니다.
・久しぶりの夫婦旅行でした。
　오래간만의 부부(내외)여행이었습니다.

る

留守　부재중[プジェジュン]　집을 비우다[チブル　ピウダ]
・来週は留守にします。
　다음주는 집을 비웁니다.
・来週は留守なので連絡は来月にして下さい。
　내주는 부재중이므로 연락은 다음달에 해 주십시오.

れ

礼儀　예의[イェウィ]
・韓国社会は礼儀を重んじます(重視します)。
　한국사회는 예의를 중시합니다.
・礼儀をわきまえて話すようにします。
　예의를 갖추고 이야기하도록 하겠습니다.
・日頃の礼儀や挨拶には気をつけるんだよ。
　평소 예의와 인사은 조심 해야 한다.

連絡　연락[ヨルラヶ]
- 昨日初めて連絡を受けました。
  어제 처음으로 연락을 받았습니다.
- 連絡が途絶えたので心配していました。
  연락이 끊어져서 걱정하고 있었습니다.

わ

若い　젊다[チョムタ]
- あなたはまだ若いです。
  당신은 아직 젊습니다.
- 彼女は若くて未熟で、まだ経験不足です。
  그녀는 젊고 미숙하고 경험이 아직 부족합니다.
- 若いときは失敗を恐れる必要はないよ。
  젊을 때는 실패를 두려워할 필요가 없다.

我まま　제멋대로[チェモッテロ]
- いつも我ままでうちの子は困ります。
  언제나 제멋대로여서 우리 집 애는 난처합니다.
- いつも我まま(勝手な)お願いばかりしてすみません。
  언제나 제멋대로 부탁만 해서 미안합니다.

分かりきっている、見え透いている　뻔하다[ポナダ]
- それはわかりきっている事実だ。
  그것은 뻔한 사실이다.
- 分かりきっていることをどうしてまた訊くの。
  뻔한 것을 왜 다시 물어요?

分かる　알다[アルダ]

- あなたの気持ちは痛いほどわかります。
  당신의 기분은 아프도록 잘 압니다.
- 私の言ってることはわかると思います。
  내가 말하는 것을 아시리라 생각합니다.

別れる 헤어지다[ヘオジダ]

- 別れては暮らせません。
  헤어져서는 살 수 없습니다.
- 別れてからすでに5年が過ぎました。
  헤어져서 벌써 5년이 지났습니다.

禍い 화[ファ] 재난[チェナン]

- 口は災いのもとです。
  입은 재난의 근원입니다.
- 風邪をこじらせたのが禍し、死にそうになりました。
  감기를 더치게한 것이 화가 되어 죽을 뻔 했습니다.

忘れる 잊다[イッタ] 잊어버리다[イジョポリダ]

- 恩は決して忘れません。
  은혜는 결코 잊지 않겠습니다.
- あなたの顔はすっかり忘れました。
  당신의 얼굴은 까맣게 잊어버렸습니다.
- 初心を忘れちゃいけないよ。
  초심을 잃어서는 안되요.

私 나[ナ] 저[チョ]

- 私は今ハングルを熱心に勉強しています。
  나는 지금 한글을 열심히 공부하고 있습니다.
- 私が紹介を受けた、朴世浩です。
  제가 소개 받은 박세호입니다.

- 私のこと、もっとよく知って下さることを望みます。

  저에 관해 좀더 알아주시기 바랍니다.

詫びる 사과하다[サグァハダ]

- この前のことはお詫びします。

  전번 일은 사과드리겠습니다.

- その日は酒の席とはいえ私の不始末を詫びます。

  그날은 술자리라해도 나의 부주의를 사과하겠습니다.

笑う 웃다[ウッタ]

- 昨日は久し振りに存分に笑いました。

  어제는 오랫만에 맘(마음)껏 웃었습니다.

- あなたの笑った顔をみるのは久しぶりです。

  당신의 웃는 얼굴을 보는 것은 오래간만입니다.

悪い 나쁘다[ナプダ]

- 話を聞くとあなたが悪いみたいです。

  이야기를 들으니 당신이 나쁜 것 같습니다.

- 夫婦げんかをするのは二人とも悪いみたいです。

  부부싸움을 하는 것은 두 사람 다 나쁜 것 같습니다.

悪口 악담[アクタム] **욕**[ヨク] **욕설**[ヨクソル]

- 他人の悪口を陰でコソコソ言っちゃ駄目だよ。そりゃ最低のことだよ。

  뒤에서 남의 악담을 해서는 안되요. 그것은 가장 치사한 짓이에요.

- 他人の悪口をあまり言うと、やがて自分に返ってくるからね。

  남의 욕을 너무 하면 머지않아 자기에게 되돌아오니까요.

手紙に使える
先人たちの名言
（国別）

◪戦いは知らざる人には甘美なれど、知る人はその近づくをあまりにも怖れる。

전쟁은 모르는 사람에게는 달콤해도, 아는 사람은 발소리조차 겁낸다.

ピンダロス(pindaros、紀元前522、518〜422、438)古代ギリシャの詩人

◪美徳は光栄への近道である。

미덕은 영광에의 지름길이다.

ヘラクレイトス(Herakleitos、BC535頃〜BC475頃)ギリシャの哲学者

◪時間は、すべてのことを救う。

시간은 모든 것을 구원한다.

アイスキュロス(Aischylos、紀元前525〜456)ギリシャの詩人

◪行動を恐れぬ者におどし文句は効かない。

행동을 두려워하지 않는 이에게 협박은 효과가 없다.

ソフォクレス(Sophocles、紀元前497頃〜406)ギリシャの詩人

◪二度目の考えが一番賢い。

두번째의 생각이 가장 현명하다.

エウリピデス(Euripides、紀元前480頃〜406)ギリシャの詩人

◪女の涙を信じるな。なぜなら、わがままが通じない時に泣くのが女の天性だからだ。

여자의 눈물을 보고 이를 믿지 말라. 왜냐하면 마음대로 되지 않을 때에 우는 것은 여자의 천성이기 때문이다.

・もっとも尊重せねばならぬことは、ただ生きることにあらず、よく生きることなり。

가장 존중해야 할 것은 그저 살아가는 것이 아니라, 참되게 사는 것이다.

· 父母の恩を感ぜずんば汝の親友となるものなかるべし。
　부모의 은혜를 모르는 사람과 친구가 될 필요가 없다.
　　ソクラテス(Socrates, 紀元前470〜399)ギリシャの哲学者

▨愛している時は誰もが詩人となる。
　사랑을 하고 있을 때에는 누구나 시인이 된다.
　　プラトン(Platon、紀元前427〜347)ギリシャの哲学者

▨友は第2の自分だ。
　벗은 제2의 자기이다.
　　アリストテレス(Aristoteles、紀元前384〜322) ギリシャの哲学者

▨いちばん高くつく浪費は時間の無駄だ。
　가장 비싼 낭비는 시간을 헛되게 하는 것이다.
　　テオフラストス(Theophrastos, 紀元前373頃〜BC287頃)ギリシャの哲学者

▨勝利か! 死か!
　승리냐! 죽음이냐!
　　ハンニバル(Hannibal、紀元前247〜183)カルタゴの英雄

▨その人を知らなければその友を見ろ。人は心が通じる人と友になるからだ。
　그 사람을 모르거든 그 벗을 보라! 사람은 서로 뜻이 맞는 사람끼리 벗삼기 때문이다.
　　メナンドロス(Menandros、紀元前342〜291)ギリシャの劇作家

◪聞き上手は一つの技術である

　(남의)이야기를 잘 듣는 것은 하나의 기술이다
・苦難はその人の真価を見せるいい機会だ。

　고난은 그 사람의 진가를 표시할 수 있는 좋은 기회다.

　エピクテトス(Epictetus, 55頃〜135頃)ギリシャの哲学者

◪兄弟は自然によって与えられた友である。

　형제는 자연이 준 친구이다.

　プルターク(Plutarch, 46〜120)ギリシャの哲学者、歴史家

◪運命は力と勇気にかかっている。

　운명은 힘과 용기에 달렸다.

　スキピオ(Scipio、紀元前237〜183)ローマの政治家

◪経験はあらゆる事柄の教師である。

　경험은 모든 것의 교사이다.

　シーザー(Caesar、紀元前100頃〜44)ローマの軍人、政治家

◪愛は遅く始めるほど猛烈になる。

　늦은 사랑일수록 맹렬하다.

　オウィディウス(Ovidius、紀元前43〜紀元後17)ローマの詩人

◪人は教えながら学ぶ。

　사람은 가르치면서 배운다

◪真の力は自分自身の中からこそ引き出せる。

　참된 힘은 자기 자신 속에서만 끌어낼 수 있다.

　セネカ(Seneca、紀元前4頃〜65)ローマの政治家、思想家

◈うまくいった仕事は早くできる。
순조롭게 진행된 일은 빨리 이루어진다.
アウグストゥス(Augustus、紀元前63〜14)ローマ皇帝

◈誰もが自分の意見を十分に持っている。
누구든 자신의 의견을 가지고 있다.
ラブレー(Rabelais、1494頃〜1553頃)フランスの人文学者

◈心にもない言葉よりも、沈黙のほうがどれほど社交性を損なわないかもしれない。
마음에도 없는 말보다 침묵이 얼마나 사교성을 헤치지 않을지도 모른다.

・いつかできることはすべて今日でもできる。
언젠가 가능한 일은 오늘에도 가능하다.

・人は考えが浅いほど言葉が多い。
인간은 생각하는 바가 적으면 적을수록 더 말이 많다.
モンテーニュ(Montaigne、1533〜1592)フランスの哲学者

◈時は偉大なる主で、多くのことを正しく裁く。
시간은 위대한 주인으로, 많은 것들을 옳게 재판한다.
コルネーユ(Corneille、1606〜1684)フランスの劇作家

◈軽蔑されまいと怖れているのは、軽蔑されてしかるべき輩ばかりである。
경멸당하는 것을 두려워하는 사람은 경멸당할 만한 인물들이다.

・物事をよく知るには細部について知らなければならない。

사정을 잘 알려면 세부까지 알지 않으면 안 된다.

・恋愛に置いては愛しすぎないことが、より愛されるための確実な方法だ。

연애에 있어서는 너무 사랑하지 않는 것이 더 사랑받기 위한 확실한 방법이다.

・いい結婚はある。だが、楽しく美しい結婚というものはない。

좋은 결혼은 있다. 그러나 즐겁고 아름다운 결혼이란 없는 법이다.

ラ・ロシュフーコー(La Rochefoucauld、1613～1680)フランスの、モラリスト、箴言家(教訓や戒めを言う人)

✕無知な友ほど危険なものはない。

무지한 친구처럼 위험한 것은 없다.

・人はいつまでもふるさとを身につけている。

사람은 언제나 고향을 몸에 지니고 있다.

ラ・フォンテーヌ(Jean de la Fontaine、1621～1695)フランスの詩人、寓話作家

✕人間のあらゆる尊厳は思考のうちにある。

인간의 모든 존엄은 사고 속에 있다.

・恋愛に年齢は関係ない。恋愛はいつでも生れる。

연애에는 연령은 상관 없다. 연애는 언제나 태어난다.

パスカル(Pascal、1623～1662)フランスの哲学者、数学者

✕頑固と嫌悪は間近に続く。

고집과 혐오는 가깝다.

ラ・ブリュイエール(Bruyère, 1645～96)フランスのモラリスト

❖現在から未来は生れ落ちる。

현재로부터 미래가 태어난다.

ヴォルテール(Voltaire、1694〜1778)フランスの作家、思想家

❖自然は決して我々を欺かない。我々自身がいつも自分を欺くのである。

자연은 절대로 우리를 속이지 않는다. 우리 자신이 언제나 우리를 속인다.

・忍耐は苦い。だが、その実は甘い。

인내는 쓰다. 그러나 그 열매는 달다.

ルソー(Jean-Jacques Rousseau、1712〜1778)フランスの作家、思想家

❖女の心は誰も底を知らない深い淵だ。

여자의 마음은 아무도 그 바닥을 모르는 깊은 심연이다.

マリー・ジャンヌ・リコボニ(Marie-Jeanne Riccoboni、1714〜1792) フランスの小説家

❖大のための小の犠牲

대를 위한 소의 희생

ロベスピエール(Robespierre、1758〜1794)フランス革命の指導者

❖厳しさを正すのは、自分自身から始まる。

엄하게 다스리는 것은 (우선) 자기 자신부터 시작한다.

スタール夫人(Madame de Staël, 1766〜1817)フランスの作家

❖精神のいちばん美しい特権の一つは、老いて尊敬されることである。

정신의 가장 아름다운 특권의 하나는 나이들어 존중받는 것이다.

- 軽蔑というものは、馬鹿丁寧な言葉のうちに、いつも巧みにかくされている。

 경멸이라는 것은 정중한 말 속에 언제나 숨어있다.

 スタンダール(Stendhal、1783~1842)フランスの作家

- 真の恋は一生を熟させた実だ。

 참된 사랑이란 평생을 익어 온 열매이다.

 ラマルティーヌ(Lamartine、1790~1869)フランスの詩人、政治家

- 戦争はバカげたことだ!

 전쟁은 바보짓.

 ティエール(Thiers、1797~1877)フランスの政治家

- 戦いの結果は最後の5分間にかかっている。

 싸움의 결과는 최후의 5분에 달려있다.

 ナポレオン1世(Napoleon I、1769~1821)フランスの皇帝

- 男の初恋を満足されるのは女の最後の恋だけだ。

 남자의 첫 사랑을 만족시키는 것은 여자의 마지막 사랑뿐이다.

 バルザック(Balzac,1799~1850)フランスの小説家

- フランスの未来をあなたたちに託すことは出来ない。

 프랑스의 미래를 당신네들에게 떠맡길 수 없다.

- 真珠は泥の中にあっても溶け去りはしない

 진주는 진흙 속에 있어도 녹아 없어지지 않는다.

 ユゴー(Hugo、Victor、1802~1885)フランスの詩人、小説家

◙満潮時に風をはらませて馳(は)せよ。

만조때 바람을 돛에 가득 받아 달려라.

ナポレオン 3 世(Napoleon III、1808～1873)フランス皇帝

◙恋の始まりはあまりにも美しい。結末が良くないのも無理ではない。

사랑은 그 시초가 너무나 아름답다. 결말이 결코 좋지 못함도 무리가 아니다.

トマ(Thomas、1811～1896)フランスの作曲家

◙妻は目で選ばず、耳で選ぶべきだ。

아내는 눈으로 고르지 말고 모름지기 귀로 골라야 한다.

フローベール(Gustave Flaubert、1821～1880)フランスの小説家

◙天才? そんなもの決してない。ただ努力だけです。方法です。不断に計画しているということです。

천재? 그런 것은 결코 없다. 단지 노력하는 것뿐이다. 방법이다. 끊임없이 계획한다는 것이다.

ロダン(Rodin、1840～1917)フランスの彫刻家

◙正義は勝利へと通じる。

정의는 승리로 통한다.

クレマンソー(Clemenceau、1841～1929)フランスの政治家

◙偉大なる芸術家のほとんどは熱い恋をした経験のある人だ。

위대한 예술가는 거의 모두가 뜨거운 사랑을 한 경험이 있는 사람들이다.

アレクシ・カレル(Alexis Carrel、1873～1944)フランスの外科医、生物学者

❌あまねく人びとのことを思いやる優れた人格者の精神は、長い年月をかけてその行いを見定めて初めて、偉大さのほどが明かされる。

 모든 사람들을 걱정하는 넓은 마음의 인격자의 정신은 오랜 세월을 걸쳐 그 행위를 보고서야 위대함을 알 수 있다.

 ジャン・ジオノ(Jean Giono、1895〜1970)フランスの作家

❌完璧が達成されるのは、何も加えるものがなくなった時でなく、何も削るものがなくなった時である。

 완벽해지는 것은 무엇도 더할 것이 없는 때가 아니라, 무엇도 뺄 것이 없을 때이다.

・相手の自己評価を傷つけ、自己嫌悪に陥らせるようなことを言ったりする権利は誰にもないのです。

 상대의 자기평가를 상처주고, 자기혐오에 빠지게하는 말을 할 권리는 누구에게도 없다.

・本当の贅沢というものは、ただ一つしかない。それは人間関係の贅沢である。

 참 사치라고 할 수 있는 것은 하나 밖에 없다. 그것은 인간관계의 사치다.

・かんじんなことは目に見えないんだよ。

 진실은 눈에 보이지 않는 법이에요.

 サン・テグジュペリ(Saint-Exupery、1900〜1944)フランスのパイロット、作家

⊠女は女として生れるものではなく、女になるのだ。

여자는 여자로 태어나는 것이 아니라 여자가 되는 것이다.

・善は一つしかない。それは自分の良心に従って行動することだ。

선은 하나밖에 없다. 그것은 자기의 양심에 따라 행동하는 것이다.

ボーヴォワール(Beauvoir、1908～1986) フランスの作家

⊠いい友がいれば、どんな道も遠く感じないものだ。

좋은 길동무가 있으면 어떠한 먼 길도 멀리 보이지 않는 법이다.

フランスの箴言

⊠読書のように安く、長続きする快楽もない。

독서처럼 값싸고 영속적인 쾌락도 없을 것이다.

・結婚のための愛は人間をつくるが、友情のための愛は人間を完成する。

결혼을 위한 사랑은 사람을 만들고, 우정을 위한 사랑을 완성시킨다.

・最悪の孤独は一人の友もいないことだ。

최악의 고독은 한 사람의 벗(친구)도 없는 것이다.

フランシス・ベーコン(Francis Bacon、1561～1626)イギリスの哲学者

⊠急な丘を登るためには、最初はゆっくり歩く必要がある。

험한 언덕을 오르기 위해서는 처음에는 천천히 걷는 것이 필요하다

・純愛の道は決して平坦ではない。

　참사랑의 길은 결코 평탄하지 않다.

・偉大な人は自分を知る。

　위대한 사람은 자기 자신을 안다.

　シェークスピア(Shakespeare、1564~1616)イギリスの劇作家、詩人

❖楽しい晩餐はすべてのものを和解させる。

　즐거운 만찬은 모든 것을 화해시킨다.

　ピープス(Pepys、1633~1703)イギリスの軍人

❖友情は容易く結ばずに、結んだら容易く切ってはならない。

　우정은 가벼이 맺지 말 것이며, 맺은 바에야 가벼이 끊지 말라.

　サミュエル(Richardson、1689~1761)イギリスの小説家

❖愛とは愚か者の知恵であり、賢明な人の愚かさでもある。

　사랑은 어리석은 자의 지혜이며, 어진 자의 어리석음이기도 하다.

　サミュエル・ジョンソン(Samuel Jonson、1709~1784)イギリスの文学者

❖女には慈悲が、男には寛容が美徳だ。

　여자에겐 자비가, 남자에겐 관용이 미덕이다.

　アダム・スミス(Adam Smith、1723~1790)イギリスの経済学者

✇一番の栄光は失敗しなかった事ではなく、失敗する度に立ちあがった事だ。

가장 영광스러운 것은 실패하지 않는 데 있는 것이 아니라 실패할 때마다 다시 일어서는 일이다.

オリバー・ゴールドスミス(Oliver Goldsmith、1728〜1774) イギリスの作家

✇今は真実を要求する秋(とき)です。

지금은 진실을 요구할 때입니다.

ピット(Pitt、William、1759〜1877)イギリスの政治家

✇恋愛というのは偽りだ。その初めや終わりも利己的だ。

연애란 것은 허위다. 그 처음이나 끝도 매한가지로 이기적이다.

バイロン(Byron、1788〜1824)イギリスの詩人

✇子供は大人の父だ。

어린 아이는 어른의 아버지다

ウィリアム・ワーズワース(William Wordsworth、1770〜1850) イギリスの詩人

✇恋愛は結婚より甘い。まるで小説が歴史より面白いように。

연애란 결혼보다는 달콤하다. 마치 소설이 역사보다 재미있는 것처럼.

カーライル(Carlyle、1791〜1881)イギリスの歴史家、評論家

✇無知であることを悟るのは知識に達するための第一歩だ。

무지하다는 것을 깨닫는 것은 지식에 도달하는 첫걸음이다.

・智識の評価はその量ではなく、質にある。

지식의 평가는 그 양이 아니라 질에 있다.

ディズレーリ(Benjamin Disraeli、1804～1881)イギリスの政治家

⊠自由を愛する土台の上に

자유를 사랑하는 토대 위에

グラッドストン(Gladstone、William、1809～1898)イギリスの政治家

⊠愛は最善のものだ。

사랑은 최선의 것이다.

ブラウニング(Browning、1812～1889)イギリスの詩人

⊠労働は体を育て、学問は精神を育ててくれる。

노동은 신체를 길러주고 학문은 정신을 길러준다

サミュエル・スマイルズ(Samuel Smiles、1812～1904)イギリスの作家

⊠恋愛というのは自分を苦しませるか、人を苦しませずにはいられない。

연애란 것은 스스로 괴로워하든가 남을 괴롭히지 않고는 있을 수가 없다.

ラスキン(Ruskin、1819～1900)イギリスの評論家

⊠男は仕事をして考える。だが、女は感じて仕事をする。

남자는 일하고 생각한다. 그러나 여자는 느끼고 일을 한다.

クリスティーナ・ロセッティ(Christina Rossetti、1830～1894)イギリスの詩人

✣目を閉じろ。すると自身が見えるはず。
  눈을 감으라. 그러면 자기 자신이 보이리라.
・善良で賢い男は女の話を絶対に口にしない。
  어질고 똑똑한 남자는 여자에 대한 말을 절대로 입 밖에 내지 않는다.
・どんなふうに死ぬかではなく、どんなふうに生きるかが問題なのだ。
  어떻게 죽을 것인가가 아니라, 어떻게 살 것인가가 문제다.
  サミュエル・バトラー(Samuel Butler、1835〜1902)イギリスの詩人
✣時間をもって忍耐せよ。
  시간을 가지고 인내하라.
  チェンバレン(Chamberlain、1836〜1914)イギリスの政治家
✣女は愛してくれる事を望むだけで、理解してくれることを望んではいない。
  여자는 다만 사랑해 주기만을 바랄뿐, 이해해 주기를 바라지는 않는다.
・老人の悲劇は、彼が老いたからではなく、彼がまだ若いところにある。
  노인의 비극은 그가 나이를 들었다는 것이 아니고, 그가 아직 젊다는 것에 있다.
  オスカー・ワイルド(Oscar Wilde、1854〜1900)イギリスの詩人・小説家
✣女の感覚は男の確信よりもずっと正確だ。
  여자의 감각은 남자의 확신보다 훨씬 더 정확하다.
  キップリング(Kipling、1865〜1936)イギリスの小説家

❎勝利のみが、生存することが出来る道です。

승리만이 생존할 수 있는 길이다.

・殺すより盗むがよく、盗むより騙すがよい(ましだ)。

죽이는 것보다(도) 훔치는 것이 낫고, 훔치는 것보다(도) 속이는 것이 낫다.

チャーチル(Churchill、1874〜1965)イギリスの政治家

❎矛盾の無い人は死者のみだ。

완전히 모순 없는 인간은 죽은 사람뿐이다

ハクスリー(Julian Huxley、1887〜1975) イギリスの生物学者

❎何も撤回することは出来ない。

아무 것도 철회할 수 없다.

ルター(Luther、1483〜1546)ドイツの宗教改革者

❎苦痛は短く、喜びは永遠である。

고통은 짧고, 기쁨은 영원하다.

・勇敢な男は自分自身の事を一番最後に考える。

용감한 남자는 자기 자신의 일을 맨 나중에 생각한다.

シラー(Schiller、1759〜1805)ドイツの詩人。

❎人生は私たちに与えられたロマンではなく、私たちが成し遂げたロマンであるべきだ。

인생은 결코 우리에게 주어진 로망이 아니라, 우리가 이룩해 놓은 로망이어야 한다.

ノヴァーリス(Novalis、1772〜1801)ドイツの作家

◈確信したことを成し遂げるだけの力は、誰にも残っている。
  확신하는 일을 성공시킬수 있는 힘은 누구에게나 남아 있다.
・うまく使えば時間はいつも十分にある。
  잘 쓰(사용하)면 시간은 언제나 충분히 있다.
・愛の苦しみは愛と同じく誰とも分けあえられなく、果てしないものだ。
  사랑의 괴로움은 사랑과 마찬가지로 누구에게도 나누어 줄 수 없는 끝없는 것이다.
・涙とともにパンを食べたことのない人は、人生の味はわからない。
  눈물 젖은 빵을 먹어보지 못한 사람은 인생의 참다운 맛을 모른다.
  ゲーテ(Goethe、1749~1832)ドイツの作家

◈一番深い真理は一番深い愛情にある。
  가장 깊은 진리는 가장 깊은 애정에 있다.
  ハイネ(Heinrich Heine、1797~1856) ドイツの詩人、作家

◈短く笑って長く泣くのが恋だ。
  잠깐 웃고 오래 우는 것이 사랑이다.
  ガイベル(Geibel、1815~1885)ドイツの詩人

◈自由でなければ、死を与えよ!
  자유가 아니면 죽음을 달라!
  ヘンリー(Henry、1736~1799)アメリカの独立革命家

⊠賢明で質素な政府を望む。

　現명하고 검소한 정부를 원한다.

　ジェファーソン(Jefferson、Thomas、1743〜1826)アメリカ3代大統領

⊠国民の、国民による、国民のための政治

　국민의, 국민에 의한, 국민을 위한 정치

　リンカーン(Lincoln、Abraham、1809〜1866)アメリカ16代大統領

⊠時間はお金や力よりももっと貴重である。

　시간은 금전이나 힘보다 더 귀중하다.

　カーネギー(Carnegie、1835〜1919)アメリカの実業家

⊠あなたが浪費した時間とは投げ捨てたあなたの人生の一部だ。

　당신이 낭비한 시간이란 던져 내버린 당신의 인생의 한 부분이다.

　ワナメーカー(Wanamaker、1838〜1922)アメリカの実業家

⊠人間の基本的自由は守らねばなりません。

　인간의 기본적 자유는 지켜져야 한다.

　ルーズベルト(Theodore Roosevelt、1858〜1919)アメリカ26代大統領

⊠理想の価値を確立しよう。

　이상의 가치를 확립하자.

　ブライアン(Bryan、1860〜1925)アメリカの政治家

❋恋愛は戦争のようなものだ。始まるのは容易(たやす)くても止めるのは難しい。

연애는 전쟁과 비슷한 것이다. 시작하는 것은 쉽지만 그만두는 것은 어렵다.

メンケン(Menken、1880~1956)アメリカの批評家

❋国家に何かをしてもらうことより、国家のために何をすることが出来るかが重要だ。

국가가 무엇을 해 주는가 보다, 국가를 위해 무엇을 할 수 있는가가 중요하다.

ケネディー(Kennedy、1917~1963)アメリカ35代大統領

❋何ごとも思うほどには悪くない。翌朝には状況が改善しているはずだ。

어떤 일도 생각처럼 나쁘지 않다. 다음날 아침에는 상황이 좋아져있을 것이다.

パウエル(Colin Powell、1937~)アメリカの軍人・政治家

❋今日の投票は一つの政党の勝利ではなく、米国民の勝利だ。

오늘 투표는 한 정당의 승리가 아니고 미국 국민의 승리다.

オバマ(Obama、1961~)米国大統領

❋何が起きても負けない強さがもともと女の子にはあるはず。

무슨 일이 있어도 지지 않는 강함이 원래 여성에게는 있다.

JUJU(1976~)女性シンガー

◼︎青春は、未来があるというだけでも幸福である。

청춘은 미래가 있다는 것만으로 행복하다.

ゴーゴリー(1809～1852)ロシアの作家

◼︎天才の出現は予言的

천재의 출연은 예언적

・あらゆる堕落の中で、もっとも軽蔑すべきものは、他人の首にぶらさがることだ。

여러 타락중에서도 가장 경멸할 것은 다른 사람에게 목메다는 것이다.

ドストエフスキー(Dostoevski、1821～1881)ロシアの文豪

◼︎死の恐怖は、解決されない。生の矛盾の意識にすぎない。

죽음에 대한 공포는 해결되지 않는다. 생의 모순의 의식에 지나지 않는다.

トルストイ(Tolstoy, 1828～1910)ロシアの文豪

◼︎女は男の弱点や短点を寛大に分析しようとしない。なぜなら、女はいつも完璧な男を求める習性があるからだ。

여자는 남자의 약점이나 단점을 너그럽게 분석하려 들지를 않는다. 왜냐하면 여자는 늘 완전한 남자를 구하는 습성이 있기 때문이다.

チェーホフ(Chekhov、1860～1904) ロシアの劇作家

✤偶然が我々の行動の半分以上を支配し、その残りを我々自身が操る。

우연이 우리 행동의 반 이상을 지배하고, 그 나머지를 우리 자신이 조작(제어)한다.

マキアベリ(Machiavelli、1469～1527)イタリアの思想家、哲学者

✤充実した一日が幸せな眠りにつかせるように、充実した人生は幸せな死をもたらす。

잘 지낸 하루가 행복한 잠을 이루게 하는 것처럼 잘 보낸 인생은 행복한 죽음을 가져 온다.

レオナルド・ダ・ヴィンチ(Leonardo da Vinci、1452～1529)イタリアの芸術家

✤ローマがなければ、イタリアもありえない。

로마없이는 이탈리아도 있을 수 없다.

カブール(Cavour、1810～1861)イタリアの政治家

✤たとえ明日世界が終りになろうとも、私は今日一本のリンゴの木を植える

비록 내일 세계의 종말이 온다 하더라도 나는 오늘 한 그루의 사과나무를 심겠다.

・人は何より自分の口に対して無力だ。

사람들은 무엇보다 자기 입에 대하여 무력하다

バールーフ・デ・スピノザ(Benedict de Spinoza、1632～1677) オランダの哲学者

※記憶は精神の番人である。

기억은 정신의 파수꾼(문지기)이다.

・勤勉は幸運の母である。

근면은 행운의 어머니다.

セルバンテス(Cervantes、1547~1616)スペインの作家

※恋は幸せを殺し、幸せは恋を殺す。

사랑은 행복을 죽이고, 행복은 사랑을 죽인다.

スペインのことわざ

※友があなたを裏切ったとしても、あなたはその友をののしってはいけない。なぜなら、あなたまで友情を裏切ることになるからだ。

설사 친구가 당신을 배반했다더라도 당신은 그 친구에게 욕을 해서는 안 된다. 왜냐하면 당신마저 우정을 배반하기 때문이다.

シング(Synge、1871~1909)アイルランドの作家

※人は探し求めるものを追いかけた末に、家庭に戻ってそこで探し求めたものを見つける。

사람은 자기가 갖고 싶은 것을 찾아 헤매다가 가정에 돌아와서야 그곳에서 찾던 것을 발견한다.

ジョージ・ムーア(George Moore、1852~1933)アイルランドの小説家

※この世で一番強い人間は孤独な人間だ。

이 세상에서 가장 강한 인간은 고독한 인간이다.

イプセン(Henrik Ibsen、1828~1906)ノルウェーの劇作家

✼ハンガリー国民よ、決起する秋(とき)がきた。
　헝가리 국민이여、궐기할 때가 왔다.
　コシュート(Kossuth、1802〜1894)ハンガリー国民主義運動の指導者

✼家庭よ、汝は道徳上の学校である。
　가정이여, 너는 도덕상의 학교이다.
　ペスタロッチ(Pestalozzi, 1746〜1827)スイスの教育実践家

✼旅は私にとって精神の若返りの泉である。
　여행은 나에게있어서 정신을 젊게 하는 샘물이다.
　アンデルセン(Andersen、1805〜1875)デンマークの童話作家

✼非暴力が信仰の原理です。
　비폭력이 믿음(신앙)의 원리이다.
　ガンディー(Gandhi、1869〜1948)インドの民族運動家

✼強敵は自分自身だ。
　강적은 자기자신이다.
　アベベ(Abebe、1932〜1973) エチオピアのマラソン選手

✼他人の助けを望まないで、他人を助けてあげなさい。
　남의 도움을 바라지 말고 남을 도와줘라.
　チェ・ゲバラ(Che Guevara、1928〜1967)アルゼンチンの革命家

🗵翻訳で重要なことは、一つ一つの言葉の解釈以上に、文章全体の意味です。

번역에서 중요한 것은 단어 하나하나의 번역이 아닌 문장 전체의 의미이다.

イワン・ジューブ(Iwan juve、1934～)ウクライナの物理学者、日本文学翻訳家

🗵己の欲せざる所、人に施す勿れ。

내가 하기 싫은 일을 남에게 주지 마라.

孔子(紀元前551～478)中国の思想家

🗵君子の交わりは淡きこと水の如く、 小人の交わりは甘きこと醴(醴は醴酒、甘い酒の意)の如し。 君子は淡くして以て親しみ、小人は甘くして以て絶つ。

군자의 사귐은 담담함이 물과 같고, 소인의 사귐은 달콤한 단술과 같다. 군자는 담담함과 같아 변치 않고, 소인은 달콤하여 오래가기 어렵다.

荘子(紀元前365～290)中国の思想家

🗵渇すれども盗泉の水をのまず。

목이 말라도 훔친 물은 마시지 않는다.

陸機(261～303)中国の政治家

🗵戦って勝つはやすく、勝ちを守るは難し。

싸워서 이기는 것은 쉬우나, 승리를 지키는 것은 어렵다.

呉子(?～紀元前381)古代中国の兵法家、政治家

❆成功の下、久しく居るべからず。

성공에 안주해서는 안 된다.

司馬遷(紀元前145~86?)古代中国の史家

❆子を養うことによって、父母の慈愛を知るだろう。

아이를 키움으로써 부모님의 자애를 알게 될 것이다.

王陽明(1472~1529)中国の儒学者

❆最初に井戸を掘った人の恩を忘れてはならない。

처음에 우물을 판 사람의 은혜를 잊어서는 안된다.

毛沢東(1893~1976) 中国の革命家、政治家

❆家は漏らぬほど、食事は飢えぬほどにて足ることなり。

집은 새지 않을 정도, 먹을 것은 굶주리지 않을 정도록 있으면 족하다.

千利休(1521~1591)茶道家

❆怒りは敵だと思え。

노여움은 적이라고 생각하라.

徳川家康(1542~1616)徳川初代将軍

❆苦は楽の種、楽は苦の種と知るべし。

고난은 즐거움의 씨앗, 즐거움은 고난의 씨앗임을 알아라.

徳川吉宗(1628~1700)徳川8代将軍

❆春風を以て人に接し、秋霜を以て自らを慎む。

봄바람처럼 사람을 대하고, 가을 이슬처럼 자신에 신중하라.

佐藤一斉(1772~1859)日本の儒学者

🅇嫁して人の妻となるは難し。然れども嫁の母たるは更に難し。

시집가서 아내가 되는 것은 어렵다. 하지만 시어머니가 되는 것은 더 어렵다.

東郷益子(1812～1901)東郷平八郎の母

🅇世に生を得るは事を為すにあり。

이 세상에 태어난 이유는 일을 이루기 위해서다.

坂本龍馬(1835～1867)幕末の志士

🅇幸福だといって傲慢であるな!

행복하다고 해서 오만하지 마라!

内村鑑三(1861～1930)日本の思想家、宗教家

🅇青春は単なる人生の花盛りではなく、来るべき結実の秋(とき)への準備の季節である。

청춘은 인생의 절정이 아니라, 다가올 결실의 때를 준비하는 계절이다.

竹越与三郎(1865～1950)歴史学者

🅇私の志を曲げることは出来ません。

내 뜻은 굽힐 수 없습니다.

・すべての傷口を癒合するものは時間である。

모든 상처를 치유하는 것은 시간이다.

夏目漱石(1867～1916)明治・大正期の小説家

🅇禁煙はわけなく出来ることだ。すでに千回はやってみた。(実は難しいということを言っている)

금연은 간단한 일이다. 이미 천 번이나 해 보았다.(실은 어렵다는 것을 말하고 있음)

寺田寅彦(1878～1935)夏目漱石の弟子、物理学者

❂欠点は常に裏から見た長所である。

결점이란 항상 거꾸로 본 장점이다.

徳冨蘆花(1868～1927)明治・大正期の小説家

❂我に罪なければ、天地おそろしからず。

나에게 죄가 없다면, 천지를 두려워할 것 없다.

樋口一葉(1872～1896)明治初期の女流作家

❂いまやらねば、いつできる。わしがやらねば、だれがやる。

지금 하지 않으면 언제 하겠는가. 내가 하지 않으면 누가 하겠는가.

平櫛田中(1872～1979)彫刻家

❂蓋し国家経営の目的は、社会永遠の進歩に在り、人類全般の福利に在り。然し単に現在の繁栄に在らずして永遠の進歩に在り、単に少数階級の権勢に在らずして全般の福利に在り。

과연 국가경영의 목적은 사회의 영원한 진보에 있고, 인류전체의 행복에 있다. 그러나 단지 현재의 번영에 있는 것이 아니고 영원한 진보에 있고, 단지 소수계급의 권세에 있지 않고, 전체의 복리에 있다.

幸徳秋水(1871～1911)日本の革命家、思想家

❂友情の価値は両方が独立性を傷つけずにつきあえるという点にある。

우정의 가치는 양자가 독립성을 유지하면서 지내는 데에 있다.

武者小路実篤(1885～1976)小説家

🔲 世の中は幸福ばかりで満ちているものではない。不幸というのが片方にあるから幸福というものがある。

세상은 행복으로 가득차 있지 않다. 불행이 있기 때문에 행복도 있는 것이다.

小林多喜二(1903〜1933)昭和初期のプロレタリア文学作家

🔲 他人に御馳走になるときは出来るだけ沢山食べる。そんなとき、まずいものをおいしいと言う必要はないが、おいしいものは明らかに口に出して言う。

다른 사람의 접대를 받을 때는 가능한한 많이 먹어라. 그때 맛없는 것을 맛있다고 말할 필요는 없고, 맛있는 것은 크게 칭찬하라.

・あなたのことを誰がこうこう言ったと言って告げ口する場合、私はたいてい聞き流す。

당신의 일을 뒤에서 말하는 사람이 있다고 전하면, 나는 흘려버린다.

菊池寛（1888〜1948)日本の戦前の作家・文芸春秋社の創業者

🔲 人は軽蔑されたと感じたときによく怒る。だから自信のある者はあまり怒らない。

사람은 경멸당했다고 느끼면 화를 낸다. 따라서 자신있는 사람은 화를 내지 않는다.

三木清(1897〜1945)哲学者

🔲 人生はつくるものだ。必然の姿などというものはない。

인생은 만드는 것이다. 필연적인 모습이라는 것은 없다.

坂口安吾(1906〜1955)戦後初期の小説家

☒人間は、お互い相手を何もわからない。まるっきり間違って見ていながら、無二の親友のつもりでいる。

인간은 서로에 대해 아무것도 모른다. 전혀 잘 못 알고 있으면서 둘도 없는 친구라고 생각한다.

太宰治(1909〜1948)戦後初期の小説家

☒人間は失敗する権利をもっている。しかし失敗には反省という義務がついてくる。

사람은 실패할 권리를 갖고 있다. 그러나 실패에는 반성이라는 의무가 따른다.

本田宗一郎（1906〜1991）本田技研工業の創業者

☒私と同じように冤罪で苦しんでいる人のために頑張りたい。

나처럼 억울하게 고통받는 사람을 위해 힘쓰고 싶다.

菅家利和(1946〜)2010年3月26日、無罪判決後の会見で

☒国境線というものが存在する以上、残念ながら(というべきだろう)領土問題は避けて通れないイシューである。

국경선이 존재하는 이상, 유감스럽게도 영토문제는 피할 수 없는 문제다.

村上春樹（1949〜）日本の作家

☒僕にも夢がある。みんなで自分の純粋な夢をいつまでも大事にしていきたいものだ。

내게는 꿈이 있다. 다 같이 자신의 순수한 꿈을 언제까지 중요하게 가져가고 싶다.

山中伸弥（1962〜）2012年度のノーベル生理・医学賞受賞者

◈自分がしてもらいたいことを、他人にやってあげなさい。
　자기가 해 받고 싶은 것을 남에게 해주라.
◈苦しい時に、自分は恩を施そうとしなかったのに、他人が先に恩を施してくれることばかり望むのは、お前たちが持っている利己心である。
　어려울 때 자기는 베풀지 않으면서 남이 먼저 베풀어주기를 바라는 것은 너희들이 지닌 이기심이다。

　茶山・丁若鏞(タサン・チョン・ヤギョン、1762〜1836)李朝後期の儒者、実学者、大文章家

◈全員が皆、一緒に努力しなければ！
　전체가 다같이 노력해야!

　申翼熙(シン・イッキ、1894〜1956)韓国の独立運動家、政治家

◈「そなたの願いは何か」、と神様が私にお尋ねになったら、私はためらわず、「私の願いは大韓独立です」と答えるであろう。「その次の願いは何か」、と尋ねられたら、私はまた、「私たちの国の独立です」と言うであろうし、さらに、「その次の願いは何かと」、3度目の問いかけにも、私は声をさらに高めて、「私の願いは、私たちの国、大韓の完全な自主独立です」と答えるであろう。

　"네 소원이 무엇이냐?" 하고 하느님이 내게 물으시면, 나는 서슴지 않고, "내 소원은 대한 독립이오" 라고 대답할 것이다. "그 다음 소원은 무엇이냐?" 하면, 나는 또 "우리나라의 독립이오" 라고 할 것이요. 또 "그 다음 소원이 무엇이냐?" 하는 세번째 물음에도 나는 더욱 소리를 높여서, "나의 소원은 우리나라 대한의 완전한 자주독립이오" 라고 대답할 것이다。

　金九(キム・グ、1876〜1949)韓国の独立運動家

※自民族の中にも敵があり、他民族の中にも味方がいる。すなわち、民族主義をもってしてはこの世の中は成り立っていけない。

같은 민족의 안에도 적이 있고, 타 민족의 안에도 동지가 있다. 따라서 민족주의로는 세상이 성립하지 않는다.

咸錫憲(ハム・ソクコン1901〜1989)韓国の思想家、宗教家

※私は国と国民のために政治をするだろう。

나는 나라와 국민을 위하여 정치를 하겠다(할 것이다).

尹潽善(ユン・ボソン、1898〜1990)韓国の政治家、元大統領

※なせば、成る。

하면 된다.

朴正熙(パク・チョンヒ、1917〜1979)韓国の軍人、元大統領
鄭周永(チョン・ジュヨン、1915〜2001)韓国現代財閥の創業者

※自身のように隣人を愛さなければならない。

자신처럼 이웃을 사랑하지 않으면 안 된다.

『旧約聖書』より

※人間は何も持たずにこの世に来て、何も持たずにこの世を去る。

인간은 빈털털이로 이 세상에 와서 빈털털이로 저 세상에 간다.

『タルムード』より

❌慈悲とは、相手を愛して可哀想に思うことだ。一切の人、もしくは生命のあるもにに、喜びを与えるのが慈であり、一切の人、もしくは生命のあるものに、苦しみを少なくてあげるのが慈なのだ。

자비란, 상대를 사랑하고 가엽게 여기는 일이다. 일체의 사람 또는 생명이 있는 것에 즐거움을 주는 것이 자이고, 일체의 사람 또는 생명이 있는 것에 괴로움을 덜우 주는 것이 비인 것이다.

「仏法」の教えより

プラトン(Platon、紀元前427〜347)

手紙の力——あとがきに代えて

　数年前、三修社で編集に当たっていた藤田真一さんから本書の執筆を依頼された時、正直いって「手紙」に未来はあるのか、という思いがあった。ちょうどその頃、知り合いだった今は亡き朝日新聞の和田俊氏さんが、通信手段の革命的な様変りを熱っぽく語られたことの印象が、よけい私にそう思わさせたのかもしれない。

　和田俊さんが朝日新聞に入社した当時、伝書鳩が通信手段としてまだ使われていたし、社屋には鳩舎が設けられていたと言う。もとより、鳩を管理する要員までいたということは言うまでもない。

　「早くて正確」が新聞の大きな使命の一つであろうが、通信手段の隔世の様変りに、和田さんは少し気にかけている様子だった。和田さんはその時、以前、フランス特派員をしていた頃、「フランスでは数百年前の古い建物と最新のコンピュータが同居している」ことの面白さ、人間らしさを語られた。それは今、自分なりに思うと、「手紙」は、けっして「過去」のものではなく、メールその他の最新手段と共存でき、さらに共存しなければならないということではなかったろうか。

　言い換えれば、人間が営々として築きあげてきた歴史と文化、それを忘れてしまっては未来はないということにもなるだろう。

文化とは歴史の中でつくられてきた人間の営みである。だとすると、手紙もまた、歴史の中で「手紙文化」なるものがつくられきたといってよいだろう。その成果や片鱗は、日常生活の随所に見られる。本書にも挙げているが、「時候のあいさつ」、「安否のあいさつ」、「拝啓」、「前略」、「冠省」、「追伸」、「硯北」など、思いつくままでもたくさんある。

　本文の 10 ページで、私は電話やファックス、メールにはけっしてない手紙の温もりについて触れた。その例として、杜甫の詩と北杜夫と辻邦夫の対談を挙げておいた。

　確かに、手紙からは相手の息遣いや受け手への気遣いが伝わってくる。これをある人は、手紙には送る人の「臭いがしみついており、それには何ものにも代え難い人間らしさを感じることができる」と言っているほどだ。さらにお互いのものの考え方や生活の様子まで、想像をふくらませることができる、他の何ものにも取って代えることができない手段と思うのだ。

　こうしたことに気づいていなくても、ファックスやメールとは違って、手紙を大切にしまっておこうとする人間の気持ちが、まだ若い世代にもあり、これは確かに手紙の持つ一種独特の人間味によるものだろうし、「力」であると思う。手紙から伝えられるメッセージは、それだけ人の記憶によりしっかりと残るものであると思うのだ。

2012 年 10 月　著者

韓国語手紙の書き方事典

2012 年 11 月 20 日　第 1 刷発行

著　者	金　容権
発行者	前田俊秀
発行所	株式会社 三修社

〒 150-0001　東京都渋谷区神宮前 2-2-22
TEL 03-3405-4511　FAX 03-3405-4522
振替 00190-9-72758
http://www.sanshusha.co.jp/
編集担当　斎藤俊樹

印刷製本　―――― 日経印刷株式会社

©2012 Printed in Japan
ISBN978-4-384-05710-2 C0087

カバーデザイン　米山雄基

〈日本複製権センター委託出版物〉
本書を無断で複写複製（コピー）することは、著作権法上の例外を除き、禁じられています。
本書をコピーされる場合は、事前に日本複製権センター（JRRC）の許諾を受けてください。
JRRC〈http://www.jrrc.or.jp　email:info@jrrc.or.jp　Tel:03-3401-2382〉